A. LAURAIN

LE CHEMIN D' ENFER

ou

L'APPRENTI-SORCIER de L'ACTION FRANÇAISE

EDITIONS ARGO

PARIS

LE CHEMIN D'ENFER

ou

LA TRAGI-COMÉDIE

de

L'ACTION FRANÇAISE

A. LAURAIN

LE CHEMIN D'ENFER

OU LA TRAGI-COMÉDIE de L'ACTION FRANÇAISE

ÉDITIONS  ARGO

PARIS

— Catholique moyen, si j'ose ainsi m'exprimer, j'avoue ne pas comprendre pourquoi le pape a condamné l'*Action Française*, dont le chef, l'illustre Maurras, a toujours passé pour un défenseur de la bonne cause, et que des catholiques distingués avaient, dit-on, choisi comme maître.

— Et si bien choisi comme maître qu'ils l'appelaient et continuent à l'appeler le Maître, tout court.

— Le Maître, bon.

— Il est vrai qu'il ne croit pas en Dieu, le Maître.

— Oh! oh!

— N'allez pas non plus lui parler de l'Infini, ni de l'Au-delà, ni de l'immortalité de l'âme, et autres balivernes de cette espèce. Lui, il trouve tout cela absurde, comme il trouve absurdes la miséricorde et la pitié. Les faibles sont faits pour souffrir et les forts pour jouir, voilà. Les ouvriers, les travailleurs manuels, tous ces imbéciles dégénérés.

— Vous dites?

— Je parle d'après le Maître — les ouvriers, les travailleurs manuels, tous ces imbéciles dégénérés n'ont qu'à travailler et produire pour l'élite, pour quelques privilégiés, et marcher à la trique sans chercher à comprendre, et puis après crever. Et surtout il ne faut pas les éveiller de « leur stupeur bienheureuse », comme dit le Maître.

— Les éveiller de leur stupeur bienheureuse?

— Non, il ne faut pas les éveiller de leur stupeur bienheureuse, puisque ce sont des esclaves, des esclaves-nés à ce qu'assure le Maître. Ah! le temps de l'esclavage, c'était le beau temps! Si seulement le Christ n'était pas venu, ce maudit « Christ hébreu » avec son *Misereor super turbam.*

— Christ hébreu?

— Christ hébreu, oui. C'est ainsi que le Maître désigne le Christ. Si seulement il n'était pas venu, ce maudit Christ hébreu avec son *Misereor!* En voilà un qui, avec sa religion, a rudement sali le monde, comme dit le Maître, ce Christ hébreu qui veut qu'on remplace le culte de la beauté et l'amour du plaisir par la recherche de la vertu. Comme si la vraie vertu n'était pas la force, la force qui piétine le faible et fait triompher les superbes. Oui, il a rudement sali le monde ce maudit Christ hébreu avec ses histoires de miséricorde et d'amour du prochain, et ses théories d'égalité du pauvre et du riche, de Job et de Lazare, et tout le tremblement. Connaissez-vous le *Magnificat?*

— Un peu

— Et ce verset où il est dit qu'Il — Il c'est ce maudit Christ hébreu, comme bien l'on pense, et non l'honorable M. Maurras — qu'Il a déposé les puissants de leur trône pour y faire monter à leur place des rien-du-tout, des va-nu-pieds, des gens qui ne se lavent seulement pas. *Deposuit potentes de sede.* Deposuit! Deposuit! Sentez-vous quel « venin » il y a là-dedans? Deposuit! Deposuit! Sacré Christ hébreu, va! qui est venu racheter l'esclave. Ah! où est le temps où il y en avait des esclaves! racheter l'esclave et déposer le fort du trône, Deposuit! Deposuit! déposer le fort du trône, placer les premiers plus bas que les derniers, des va-nu-pieds, des rien-du-tout, des gens qui ne se lavent seulement pas! Ce maudit Christ hébreu qui se disait fils de Dieu, alors qu'il n'y a pas de Dieu, à ce qu'assure le

Maître qui n'admet lui que la trinité de la raison, de la beauté et de la mort, ce qui est tout à fait réjouissant, vous en conviendrez. Du plaisir, de la beauté, de la jouissance pour quelques-uns, de la misère et de la souffrance pour la plupart, pour la tourbe, les esclaves-nés, ceux qui ne pensent pas, qui ne valent pas plus que des machines ou des bêtes de somme, et au bout de tout la mort et le néant. Ainsi raisonne l'illustre M. Maurras, fondateur de l'école dite d'Action Française, et directeur du journal du même nom, celui qu'un groupe de catholiques, l'élite s'entend, ceux qui pensent, pas les pauvres bougres du *Magnificat*, appellent avec vénération le Maître.

— Diable!

— Un homme qui ne croit même pas en Dieu, et qui trouve absurde l'idée d'Infini — contrairement à notre Descartes et à d'autres philosophes pour qui l'idée d'Infini constituait une des plus belles preuves de l'existence de Dieu — et qui regrette le temps où quelques milliers d'hommes exploitaient à volonté des millions de leurs semblables. Il est vrai qu'on ne peut pas dire qu'ils étaient leurs semblables. Peut-on comparer des esprits raffinés comme « le Maître », et les imbéciles dégénérés, les esclaves-nés noyés dans leur stupeur bienheureuse? Ah! si seulement ce maudit

Christ hébreu n'était pas venu les éveiller! —
un homme qui a dénoncé « le venin du *Magnificat* ».

— Le venin du *Magnificat!*

— Il est certain que le *Magnificat* ne con-
tient pas autre chose, à ce qu'assure le Maître,
que les idées de Ravachol.

— Ravachol, le fameux anarchiste?

— Sans doute.

— Ah! quel grand penseur.

— Et qui professe que depuis 1800 ans et
plus la religion chrétienne n'a fait que salir le
monde

— Avec ses cathédrales, parbleu!

— Un homme qui a voué au Christ, à « l'imposteur hébreu », comme il dit, une haine implacable.

— L'imposteur hébreu!

— Et qui n'admet que le culte de la force.

— L'imposteur hébreu!

— Et vous trouvez qu'un tel homme était
fait pour être le chef des catholiques?

— Je ne dis pas cela.

— Il est vrai que le Maître est un grand
politique

— Ah! s'il est un grand politique...

— Aussi grand politique que grand penseur.
N'a-t-il pas découvert tout seul que la royauté
avait fait la France, et qu'ayant fait la France

il n'y avait qu'elle pour la sauver, et qu'il fallait donc la restaurer.

— La France?

— Non, la royauté. La restaurer par tous les moyens.

— Oh! par tous les moyens...

— C'est pourquoi il a fondé l'école dite d'Action Française et le journal du même nom pour y enseigner la politique, la sienne, en vertu de sa devise favorite

— Politique d'abord, oui.

— La politique royaliste, bien entendu-

— C'est son droit.

— Il a donc fondé une école et un journal, et il a trouvé beaucoup de collaborateurs, parmi lesquels un maître illustre en pornographie.

— En pornographie, c'est-à-dire en choses sales?

— C'est ce qui rapporte le plus, vous savez bien, ce qui fait les gros tirages, les tirages à succès. Voulez-vous que votre livre se vende? Racontez-nous quelque bon adultère, quelque inceste bien carabiné, ou bien un bon petit viol. Et votre fortune est faite. Il a donc trouvé beaucoup de collaborateurs, parmi lesquels un pornographe illustre, qui se donne comme un grand catholique.

— Catholique et pornographe, alors?

— Beaucoup de collaborateurs et encore plus de disciples qu'il a baptisés « les camelots du roi » parmi lesquels un certain nombre de catholiques

— Ah! oui, l'élite, ceux qui pensent, pas les pauvres diables du *Magnificat*.

— Un certain nombre de catholiques dits « catholiques d'Action Française », pour bien les distinguer des autres

— Ceux qui ne pensent pas, les hommes du *Deposuit*, compris.

— Et tout ce monde-là a résolu, sous l'inspiration du Maître, dont la devise est, comme je vous l'ai dit « Politique d'abord »

— Politique d'abord, bien.

— De rétablir la royauté en France par tous les moyens.

— Par tous les moyens! Oh!

— Oui, par tous les moyens.

— Par tous les moyens! Par tous les moyens! Cela ne me semble pas très moral, et...

— Sans doute. Mais il y a belle lurette que notre homme s'est débarrassé de « l'obsédant fantôme de la morale », comme il dit.

— L'obsédant fantôme de la morale!

— C'est ainsi que de braves catholiques ont été amenés à prendre pour maître ès politique l'honorable M. Maurras, fondateur de l'école dite d'Action Française, et directeur du journal du même nom. Il est vrai que ledit Maître, qui se soucie de la morale comme d'une quille, la politique n'ayant rien à faire avec elle pas plus qu'avec le pape d'ailleurs, non mais de qui se moque-t-on? il est vrai qu'il ne croit pas en Dieu, le Maître, et qu'il en veut personnellement au « Christ hébreu »

— D'avoir aimé la racaille, oui.

— Mais qu'importe? C'est le Maître. Qui a plus que lui magnifié — il ne s'agit pas du *Magnificat* — magnifié l'ordre

— Pour ça il a raison, sacrebleu! Faut de l'ordre dans la société, faut que ça marche, autrement...

— Il s'agit ici de l'ordre de la vie, c'est-à-dire de tout ce qu'il y a de plus important pour l'homme, ce qui doit régir sa conduite et ses actes; et l'ordre, tel que le Maître l'entend, est non seulement indépendant de Dieu, mais absolument contraire aux préceptes du Christ mort sur la croix pour tous les hommes. Voilà pourquoi le christianisme est jugé si dangereux par le Maître, son Chef étant mort aussi bien pour les pauvres que pour les riches, pour les esclaves que pour les maîtres. Etonnnez-vous après cela qu'il y ait des Ravachol! Il est donc certain que l'honorable M. Maurras, fondateur de l'école dite d'Action Française et directeur du journal du même nom, est le plus grand théoricien de l'ordre qu'on ait connu.

— De l'ordre! Faut de l'ordre dans la société, faut que ça marche, autrement gare la trique, hein, les esclaves-nés?

— On comprend donc pourquoi ce grand politique a été salué comme le maître des maîtres par certains catholiques

— Qui ne sont pas des pouilleux, ni des va-nu-pieds, non.

— Après cela, que le Maître ait écrit que le Christ des Evangiles avait, par ses exemples et ses discours, donné aux hommes « les modèles de la frénésie toute pure ».

— Les modèles de la frénésie toute pure!

— Et qu'avec sa religion il avait « sali le monde » et fait « triompher l'absurde »

— Sali le monde et fait triompher l'absurde!

— Cela a-t-il de l'importance, je vous le demande? Et puis c'est bien son droit, à ce grand homme, de ne pas aimer « le Christ hébreu » ni « les turbulentes Ecritures orientales » et « les extravagances sémites ».

— Les turbulentes Ecritures orientales! Les extravagances sémites!

— Oui, c'est ainsi que le Maître appelle la

Bible et l'Evangile, l'Evangile « des quatre juifs obscurs », comme il dit.

— L'Evangile des quatre juifs obscurs !

— A qui le Maître reproche d'avoir fait crouler l'ancien monde, oui. C'est bien son droit à ce grand homme de ne pas aimer le Christ et son Evangile et de mépriser tout à son aise les « petits » et les « humbles », tous les « instinctifs », « les vils et les bas »

— Les instinctifs, les vils et les bas ?

Ce sont les petites gens que le Maître nomme ainsi — les instinctifs, les vils et les bas pour lesquels il n'y a pas de pitié à avoir. Croyons-en le Maître : douceur, charité, modération, bienveillance ne sont que des mots. Ce qu'il faut, c'est « par tous les moyens » instaurer l'ordre sur la terre pour le plus grand bonheur de l'élite. Et débarrassons-nous bien vite des idées trouble-fête qu'on appelle Dieu, l'Infini, l'immortalité, idées on ne peut plus dange-reuses pour la société.

— Idées on ne peut plus dangereuses pour la société ! Sans blague !

— Ainsi pense le Maître qu'un certain nom-bre de catholiques, qui se disent l'élite, consi-dèrent comme un « vrai phare de lumière »

— Un phare de lumière !

— Un vrai phare de lumière au milieu de la nuit noire où se débat notre pauvre monde.

Notez bien que si le Maître hait personnellement le Christ, et s'il ne veut entendre parler ni de Dieu, ni de l'Infini, ni de l'Au-delà, il n'a jamais manqué dans ses écrits de rendre hommage à l'Eglise, ni de défendre le catholicisme, ce qui explique qu'il ait pu rallier à lui tant de catholiques. Sur le rôle social de l'Eglise il a, dit-on, écrit d'assez belles pages, et n'a jamais cessé de la représenter comme le meilleur soutien de l'ordre et le vrai rempart de la société.

— Voilà qui est étrange. Un homme qui hait le Christ et qui vante l'Eglise qu'il a fondée!

— Oui, il respecte et vante l'Eglise dont, bien entendu, il nie le rôle divin.

— Ah! il nie le rôle divin de l'Eglise?

— Certainement, puisqu'il est athée. Mais s'il respecte et vante tellement l'Eglise, c'est que, d'après lui, nulle institution n'a su, comme elle, « organiser l'idée de Dieu ».

— Organiser l'idée de Dieu?

— Oui, sans l'Eglise, il pourrait arriver que les simples, les naïfs s'imaginent de prendre à la lettre ce que le Maître ne craint pas d'appeler, comme je vous le disais tout à l'heure, les turbulentes Ecritures orientales, les extravagances sémites.

— Les turbulentes Ecritures orientales, les extravagances sémites!

— Croire par exemple que le Christ est Dieu, qu'il faut aimer son prochain comme soi-même, pardonner les injures, mépriser les richesses, toutes choses qui sont contraires aux idées du chef de l'Action Française qui est partisan, lui, des verges et de la cravache et d'un bon coup de pied quelque part. Le rôle de l'Eglise, d'après le Maître, est donc d'organiser l'idée de Dieu, c'est-à-dire de la vider de son contenu, lui ôter tout ce qu'elle a de substantiel et lui faire perdre sa vraie signification. Voilà ce que c'est qu'organiser l'idée de Dieu, et pourquoi l'honorable M. Maurras, fondateur de l'école dite d'Action Française et directeur du journal du même nom, a si souvent fait l'apologie de l'Eglise qu'il considère, selon sa propre expression, comme la continuatrice « de Marius ou du divin Jules »

— La continuatrice de Marius ou du divin Jules !

— Autrement dit, pour lui le rôle de l'Eglise est de maintenir l'ordre, de continuer la tradition des Césars. Un point, c'est tout.

— De sorte que, si je comprends bien, c'est en haine du christianisme qu'il défend le catholicisme ?

— Lequel, d'après lui, est le véritable héritier des Césars, parfaitement. Seul le catholicisme peut, d'après le Maître, réfréner toutes les excentricités du christianisme, en atténuer le danger, le mater, quoi. Car encore une fois le Maître voit dans le Christ et sa religion le plus terrible ennemi de la civilisation, de la société et de l'Etat.

— Le plus terrible ennemi de la civilisation, de la société et de l'Etat!

— Car le Maître ne pense pas, comme Montesquieu qui a écrit.

— Dans « *l'Esprit des lois* » sans doute.

— Que « de vrais chrétiens seraient des citoyens infiniment éclairés sur leurs devoirs et qui auraient un très grand zèle pour les remplir... ».

— C'est ce que je pensais aussi.

— Et que « plus ils croiraient devoir à la religion, plus ils croiraient devoir à la patrie. » Il ne pense pas cela, le Maître, et même il pense juste le contraire. Pour lui, il n'y a pas de plus terribles ennemis de la civilisation que des chrétiens qui prendraient l'Evangile à la lettre.

— De plus terribles ennemis de la civilisation! Et pourtant, si je me souviens bien, Pascal n'a-t-il pas écrit, lui aussi, que nul n'est vertueux ni aimable comme un vrai chrétien?

— C'est que le Maître ne pense pas comme Pascal non plus. Pour lui, il n'y a pas de plus terrible ennemi pour la société que le Christ et son Evangile. Heureusement que l'Eglise est là

— Non, ce qu'il aime l'Eglise, le Maître !

— Pour expliquer « aux peuples policés de l'Europe » dans la merveille du Missel et tout le Bréviaire » C'est le Maître qui parle.

— Il parle bien, le Maître !

— Expliquer à sa façon, s'entend, ces turbulentes Ecritures orientales.

— Ces extravagances sémites, oui.

— Qui ne sont qu'un vaste répertoire d'idées anarchistes. Tel est le rôle de l'Eglise, au dire du Maître : corriger la Bible, « organiser » la religion, la déchristianiser en un mot. Pas de mysticisme, pas d'élan de l'âme, pas d'amour de Dieu ni du Christ. Tout cela est condamné par le chef de l'Action Française.

— Mais précisément, n'est-ce pas l'Eglise qui a produit les François d'Assise, les Vincent de Paul, les saintes Thérèses, et tant d'autres saints, et tant de martyrs et tant de héros de l'amour de Dieu et du Christ, et les missionnaires, et les filles de charité, et les grands mystiques ?

— Sans doute, mais je vous ai déjà dit que le Maître qui ne croit ni en Dieu ni en Jésus-Christ ne voit dans l'Eglise que la continuatrice des Césars

— De Marius et du divin Jules, oui.

— Qu'il nie son rôle divin et néglige délibérément son âme et son essence pour n'en voir que le côté extérieur, sa hiérarchie et son administration. Pour lui, elle n'est qu'une sorte de gendarme spirituel, un soutien de l'ordre, peut-être même son meilleur soutien, et non une institution divine et indépendante chargée de diriger les âmes vers leur fin surnaturelle, attendu que le Maître n'y croit pas, lui, au surnaturel.

— Mais en ce faisant, en ne considérant l'Eglise que comme une sorte de gendarme, comme vous dites, en niant son caractère divin, et en ne lui reconnaissant d'autre rôle que celui d'organiser l'idée de Dieu et d'expliquer dans la merveille du Missel et tout le Bréviaire, c'est bien ça?

— Oui, c'est bien ça.

— D'expliquer à sa façon dans la merveille du Missel et tout le Bréviaire les turbulentes Ecritures orientales, les extravagances sémites, c'est bien ça?

— C'est bien ça.

— Le Maître ne voit-il pas qu'il fait à l'Eglise et au catholicisme la plus cruelle des injures?

— Que lui importe! Pour lui la religion n'est faite que pour servir la politique.

— Ah! oui, politique d'abord.

— Et la politique qui doit restaurer la royauté en France, le Maître étant monarchiste, comme vous savez.

— C'est son droit.

— De sorte que pour lui le rôle de l'Eglise est surtout d'aider au rétablissement de la royauté, de contribuer à renverser la République, à étrangler « la gueuse », comme disait l'autre.

— Couic

— Car, aux yeux du Maître, le plus grand des fléaux, après le christianisme, c'est la république. 'C'est pourquoi la première chose à faire, c'est d'en finir avec le régime.

— Par tous les moyens

— Et le meilleur des moyens c'est la politique.

— Politique d'abord

— La politique aidée par la religion qui doit nous débarrasser de la démocratie, remettre le peuple souverain, les esclaves-nés à leur place.

— Mais alors, n'est-il pas à craindre que le peuple ne vienne à confondre la religion avec le parti monarchiste et qu'ainsi...

— Sans doute, mais pour le Maître et ses disciples, l'essentiel encore une fois est de nous débarrasser du gouvernement des esclaves-nés. Que le peuple unisse dans une même réprobation l'Eglise et les adversaires du régime, ces Messieurs n'en ont cure. La nocivité de la démocratie, voilà ce qu'il faut détruire, de la démocratie qui est la conséquence de la venue en ce monde

— De Celui qui a déposé le fort du trône, je parie? Le voilà bien le venin du *Magnificat!*

— Voilà ce que pense et ce que dit l'illustre M. Maurras, fondateur de l'école dite d'Action Française et directeur du journal du même nom. Bien qu'ennemi personnel du Christ, il passait, aux yeux d'un certain nombre de catholiques, pour le meilleur défenseur du trône et de l'autel, pour un véritable phare, un pape laïque, lorsqu'un beau jour le vrai pape, celui de Rome, leur enjoignit d'avoir à quitter le Maître et son école. Le Souverain Pontife n'entendait pas que les siens prissent pour directeur spirituel un athée et un matérialiste.

— Mais le pape n'aurait-il pas outrepassé ses droits par hasard? Pour les catholiques de l'Action Française, si je vous ai bien compris, M. Maurras était un maître de politique et non de religion. Il y a là une distinction importante, il me semble.

— Voyons, le pape pouvait-il tolérer que des catholiques n'envisagent toutes choses que sous l'angle de la politique selon leur fameuse maxime :

— Politique d'abord, oui.

— Pour lui, c'est : religion d'abord, qu'il faut dire. Le pape n'admet pas non plus qu'on cherche à renverser le régime par tous les moyens. Le pape n'est pas l'ennemi de la démocratie, et il professe qu'il peut y avoir une démocratie chrétienne. Le pape n'admet pas que l'Eglise soit inféodée à un parti. Le pape n'admet pas que les siens subissent l'influence d'hommes qui n'ont pas la foi, qui se déclarent même les ennemis du Christ, et qui se soucient de la morale comme d'une quille.

— Sans doute; mais l'Action Française étant, comme vous le dites vous-même, une école de politique...

— Oui, mais une école de politique qui fait abstraction de la foi et de la morale chrétienne. Ce que le pape a condamné c'est, suivant ses propres paroles, « un système religieux, moral et social » en contradiction avec les principes de l'Evangile. Ce que le pape demande aux catholiques de l'Action Française, c'est qu'ils se séparent de chefs incroyants. C'est là affaire de pur bon sens. La politique, la vraie, peut-elle être indépendante de la morale et de la religion, voyons? Et puis pour la foi des catholiques, n'était-ce pas un danger perpétuel que la fréquentation de maîtres irréligieux?

— Peut-être.

— Le pape pouvait-il tolérer que des fidèles fassent partie d'un groupe dont le chef est un athée notoire? Et encore un coup n'était-il pas à craindre qu'à l'école d'un tel maître la foi de nos catholiques ne vienne à défaillir?

— Peut-être

— Comment : peut-être? Un homme qui nie l'existence de Dieu et qui traite le Christ d'imposteur, un homme qui trouve absurde le sentiment de l'Infini, absurdes la pitié et le sacrifice, un homme qui n'admet que le culte de la force et de la beauté, qui n'a que mépris pour les petites gens, les « humbles », les « bas », les « vils », pour « ces foules misérables, comme ils disent dans leur beau langage, pour toutes ces épaves de la vie qui encombrent les avenues de la foi, faussent les doctrines et enlaidissent les rites », cet homme, fût-il le plus grand génie du monde, et eût-il écrit les plus belles pages sur le rôle social de l'Eglise, avait-il le droit de diriger les catholiques de France? — — —

— Non, sans doute. Mais il s'agit de politique. Politique d'abord, comme ils disent, et par tous les moyens.

— C'est justement ce que le pape ne veut pas. Encore une fois, pour lui c'est : religion d'abord, qu'il faut dire, et : politique après. Quant à leur autre maxime : par tous les moyens, il la juge tout bonnement immorale. Voilà pourquoi le pape a condamné l'Action Française. Qu'elle soit monarchiste tant qu'elle voudra, c'est son droit, et le pape n'y contredit pas. Mais que, sous prétexte de restaurer la royauté, elle vienne inculquer aux catholiques des doctrines erronées et des principes d'action réprouvés par la morale chrétienne, halte-là! L'Eglise ne saurait l'admettre. Ce n'est donc pas en tant que parti politique que le pape a condamné l'Action Française, mais en tant qu'école philosophique irréligieuse et immorale; c'est bien clair.

— Ecole philosophique irréligieuse et immorale?

— Ecole philosophique irréligieuse et immorale qui, suivant les paroles mêmes du Saint-Père, « reconnaît pour principaux maîtres et chefs des hommes qui par leurs écrits se sont mis en contradiction avec la foi et la morale catholiques », école qui professe des principes radicalement opposés à l'esprit du christianisme, qui renie Dieu et le Christ, qui fait table rase de la distinction du bien et du mal, et qui bafoue l'Eglise en lui prêtant le beau rôle que vous savez. Et vous n'appelez pas ça une école irréligieuse et immorale! Et vous auriez voulu que le pape supportât ce scandale plus longtemps?

— Je ne dis pas cela.

— Et qu'il laissât les siens s'enrôler dans une pareille bande?

— Quelle bande?

— Messieurs les dirigeants de l'Action Française, parbleu! Outre le Maître et le spécialiste en pornographie que vous connaissez

— Spécialiste en pornographie, autrement dit marchand de cochonneries, bon.

— C'est ce qui se vend le plus, vous savez bien — ils sont nombreux à l'Action Française, les incroyants, athées, panthéistes, païens, ceux qu'on appelle les dirigeants de l'Action Française. Eh bien! qu'ils dirigent l'Action Française tant qu'ils voudront, mais le pape n'entend pas qu'ils dirigent les fidèles, c'est bien simple. Voilà toute la question. C'est pourquoi il faut opter entre l'Action Française et le christianisme qui est tout son contraire. Il faut choisir : être catholique avec le pape, ou ne pas l'être avec l'Action Française.

— Alors, si j'ai bien compris, les idées de l'Action Française sont loin d'être chrétiennes?

— Dites plutôt qu'elles sont tout à fait antichrétiennes. Comment! Le Maître rejette Dieu, le Christ, l'Evangile, la mission divine de l'Eglise, l'égalité de nature, d'origine et de fin des hommes. Rappelez-vous : il y a des esclaves et des maîtres-nés, les uns faits pour souffrir, les autres pour jouir...

— Voilà qui n'est pas très catholique, en effet.

— Le Maître, dis-je, rejette Dieu, le Christ, la Bible, l'Evangile

— Autrement dit les turbulentes Ecritures orientales, les extravagances sémites, très bien.

— Il rejette la Bible, l'Evangile, la mission divine de l'Eglise, l'égalité de nature, d'origine et de fin des hommes

— Les uns faits pour jouir et les autres pour souffrir, très bien.

— Comment : très bien?

— Je veux dire que je saisis très bien.

— Il rejette, dis-je, la Bible, l'Evangile, la mission divine de l'Eglise, l'égalité de nature, d'origine et de fin des hommes, leur destinée surnaturelle. Vous savez que pour lui l'Au-delà n'existe pas, et qu'il est aussi absurde de s'en tourmenter

— Que d'exercer la pitié et la miséricorde, oui.

— Il rejette l'éminente dignité de la personne humaine.

— Les uns faits pour jouir, les autres...

— La fraternité des hommes dans le Christ

— Le Christ hébreu

— Et vous voudriez que des catholiques se mettent à la remorque d'un tel chef?

— Je ne dis pas cela.

— Un homme dont toute la politique se résume dans le culte de la force, qui ne fait reposer l'ordre et l'autorité que sur la force, la force qui doit faire marcher les hommes à coup de fouet, et entre parenthèses vous voyez d'ici la belle société que nous aurions, si ces Messieurs réalisaient leurs souhaits, le beau régime de tyrannie et de révolte! D'un côté la masse des travailleurs suant et trimant tout leur soûl et de l'autre l'élite, les jouisseurs!

— Messieurs les dirigeants de l'Action Française sans doute?

— Un homme qui a en horreur jusqu'au nom de démocratie et de république, comme s'il ne pouvait pas y avoir une démocratie chrétienne et une république honnête, un homme qui fait fi de la dignité de la conscience qu'il accuse de tous les maux, pour qui l'Etat est tout et l'individu rien, qui prêche l'inégalité, ou plutôt la servitude. Ah! quel beau système!

— Si je comprends bien, tout cela ne diffère pas beaucoup du paganisme antique.

— Mais le comble, c'est qu'il aurait voulu que l'Eglise lui emboîtât le pas, et qu'elle l'aidât non seulement à rétablir la royauté mais aussi à instaurer ce beau régime qui ne se distingue pas de l'ancien paganisme, comme vous dites si justement, et que l'Action Française nous promet. L'Eglise un garde-chiourne spirituel, voilà son rôle, d'après le Maître.

— Alors, c'est ça la politique de l'Action Française?

— Oui, d'un côté les forts, les riches, les puissants, ce qu'ils appellent l'élite, de l'autre les « humbles », les « vils », les « bas », la masse maintenue dans l'ordre à coups de trique ou à coups de mitrailleuse, s'il le faut. Comprenez-vous maintenant pourquoi le pape a eu raison d'intervenir, et pourquoi il ne pouvait pas ne pas condamner l'Action Française. Car enfin, qu'est-ce que la politique?

— La politique?

— Si ce n'est la science de l'homme qui vit en société.

— Sans doute.

— Et qu'en conclure sinon qu'il lui faut nécessairement toucher « aux problèmes les plus graves de l'activité humaine » et agiter les questions d'autorité, de liberté, de justice et le reste.

— Evidemment.

— Ce qui veut dire que la politique est étroitement liée à la morale, ou plutôt qu'elle lui est entièrement subordonnée. Or, vous savez ce qu'ils en font à l'Action Française, de la justice et de la charité, et de l'égalité, et de la liberté, avec leur mépris des faibles, et leur culte de la force et de la volupté, et toutes leurs belles théories qui ne sont pas autre chose, selon les paroles mêmes de Pie XI, que « les manifestations d'un nouveau système religieux, moral et social, système radicalement opposé à l'esprit de l'Eglise et du christianisme », vous entendez?

— Dame, oui ! j'entends.

— « Système radicalement opposé à l'esprit de l'Eglise et du christianisme, par exemple au sujet de Dieu, de l'Incarnation, de l'Eglise et généralement du dogme et de la morale, principalement dans leurs rapports nécessaires avec la politique, laquelle est légitimement subordonnée à la morale. » C'est le pape qui parle ainsi.

— Voilà qui est clair en effet, et l'on ne saurait parler plus nettement.

— C'est ce système-là que le pape a condamné et qu'encore une fois il ne pouvait pas ne pas condamner. Cela tombe sous le sens. Comment! Voilà un homme, le véritable dirigeant de l'Action Française, les autres n'étant à vrai dire que des comparses qui ne jurent que d'après le Maître

— Ce phare de lumière!

— Voilà un homme qui ne croit ni à Dieu ni à diable, qui considère le Christ comme le plus grand ennemi de la société

— Ecrasons l'Infâme!

— Qui traite la Bible et l'Evangile

— De turbulentes Ecritures orientales et d'extravagances sémites, très bien

— Et qui reproche au christianisme d'avoir sali le monde

— Avec ses cathédrales, parbleu

— Un homme qui a pris pour devises : Politique d'abord...

— Et par tous les moyens, oui.

— Pour qui les idées de justice, de liberté, de charité sont des chimères, pis des fléaux.

— Comme le christianisme alors?

— Un homme qui entend non pas servir l'Eglise, mais se servir d'elle

— Ce n'est pas la même chose

— Se servir d'elle pour ses fins à lui, et quelles fins! le rétablissement du paganisme ni plus ni moins! un homme qui a fait école et répandu ses idées dans une foule d'ouvrages lus et relus par ses disciples qui vont jusqu'à l'appeler le maître des maîtres, un phare de lumière.

— Un phare de lumière, oui.

— Et vous auriez voulu que le pape n'intervienne pas?

— Je ne dis pas cela.

— Et qu'il ne condamnât pas l'Action Française et toute la clique?

— Je ne dis pas cela.

— Et qu'il n'interdît pas aux fidèles, à ceux dont il a la charge devant Dieu de se mettre à la remorque d'un athée?

— Un phare de lumière pourtant.

— Oui, conçoit-on que des catholiques, des chrétiens aient pu s'oublier, en parlant d'un homme qui ne se gêne pas pour bafouer leur foi, jusqu'à l'appeler un phare de lumière, « un géant de la pensée. »

— Un géant de la pensée aussi! Mais, dites-moi, ce géant de la pensée, ce phare de lumière ne me semble pas un penseur si original que cela. Car, si je vous ai bien compris, ses idées essentielles, on les connaissait déjà bien avant lui. L'irréligion, la négation, la haine de Dieu, ce sont là de vieilles rengaines, et ce n'est pas sa méconnaissance des idées de l'Infini, de l'Au-delà, du divin, de ces grandes idées que nous retrouvons chez les plus grands philosophes de tous les temps et de tous les pays, notamment chez notre Pascal et notre Descartes, ce n'est pas, dis-je, la méconnaissance de ces idées qui ont transporté les plus grandes âmes, et que votre homme a remplacées par celles du fini et du néant, qui révèle un penseur bien original.

— Mais vous oubliez le « Christ hébreu » et les « turbulentes Ecritures orientales » et les « extravagances sémites » et « l'Evangile des quatre juifs obscurs » et le monde « sali » par la religion.

— Peuh! pas même de la littérature. Quant à ses idées politiques et sociales, et ce culte de la force, et ce mépris des humbles, des hommes noyés dans leur stupeur bienheureuse, comme il dit, de ceux qui ne pensent pas, et qui sont faits pour le fouet et la trique et servir nos beaux Messieurs, le peuple en un mot, bien que la plupart de nos savants, de nos artistes, de nos penseurs et peut-être le Maître lui-même en soient sortis du peuple, quant, dis-je, aux idées politiques et sociales de ce géant de la pensée, à son culte de la force et à son mépris des faibles, nous avons déjà lu tout cela, nous l'avons lu et vu dans l'histoire des civilisations antiques où le maître opprimait l'esclave à sa guise, nous l'avons lu et vu dernièrement tout près de nous, et il y a du boche là-dedans.

— Chut! le Maître se donne au contraire comme un Français romanisé, un pur Latin, un Grec même, et...

— Oui, nous avons vu et lu tout cela il n'y

a pas si longtemps chez le fameux Nietzche à qui nous devons la théorie du surhomme qu'il n'a, du reste, pas inventée non plus (il n'a eu pour cela qu'à regarder un officier prussien), le surhomme qui écrase le faible comme le loup se repaît de l'agneau. Ce gaillard-là, un phare de lumière, un géant de la pensée! Et ce sont des catholiques qui l'ont ainsi appelé! Géant de la pensée! Phare de lumière! Ah! Ah!

— Aussi le pape Pie XI qui est, comme vous le savez, un savant d'une érudition consommée et à qui on n'en fait pas accroire, voulut-il en avoir le cœur net, et se rendre compte par lui-même de ce que c'était au juste que ce phare de lumière, ce géant de la pensée choisi comme chef par tant de catholiques français, et patiemment il se mit à étudier les œuvres de ce défenseur du trône et de l'autel.

— Défenseur du trône et de l'autel!

— Et après avoir bien approfondi les doctrines de l'Action Française et de son chef, il les condamna, c'est-à-dire qu'il décida de publier la condamnation que le pape Pie X avait déjà portée contre elles quelques années auparavant.

— Ainsi, le pape Pie X avait déjà condamné l'Action Française?

— Oui, d'une condamnation formelle. Et

s'il ne l'avait pas rendue publique, c'est qu'il s'était réservé de le faire au moment qu'il jugerait le plus opportun. De sorte que le pape actuel, Sa Sainteté Pie XI, n'a eu qu'à confirmer et publier cette condamnation qu'il trouva toute prête dans les archives du Vatican, et qu'encore une fois l'Eglise ne pouvait pas ne pas porter.

— Malgré tout le bien qu'ils disaient d'elle. Il est vrai que le rôle qu'ils lui attribuaient...

— Un beau rôle, en effet! Non, l'Eglise ne pouvait pas ne pas parler. Le scandale était trop patent, et le péril trop grave pour les fidèles. Voyez-vous nos jeunes catholiques, sous couleur de politique, recevoir leur mot d'ordre de gens qui n'ont que mépris pour le christianisme et les vertus chrétiennes, qui ne professent que le culte de la force et l'oppression de tout ce qui est faible, base et principes du beau régime dont ils voudraient nous gratifier.

— Un régime où la masse serait au service de quelques privilégiés! Merci.

— Non, le pape ne pouvait pas tolérer plus longtemps que les fidèles continuassent à fréquenter l'école dite d'Action Française, cette « église d'athées-catholiques », comme l'a si bien qualifiée un des leurs*.

____

(1) Jules Soury.

— Athées-catholiques !

— Il est certain que ces deux mots accouplés ensemble jurent. Mais c'est ainsi. Athées-catholiques parce que, n'ayant pas la foi (je parle du Maître et des autres « dirigeants »), ils se donnent comme les défenseurs et les meilleurs soutiens de l'Eglise, et passent pour catholiques, « catholiques jusqu'aux moelles » s'il vous plaît. Le mot est d'un brave abbé.

— Catholiques jusqu'aux moelles ! Et c'est un abbé qui a dit ça !

— Catholiques jusqu'aux moelles, qu'on vous dit, et en même temps athées.

— Athées-catholiques donc.

— Dites plutôt païens, francs païens dont toute la politique ne vise qu'au retour d'une société où le fort exploite le faible.

— Oui, d'un côté les maîtres et de l'autre la tourbe, les esclaves-nés, c'est bien ça ?

— Francs-païens qui ont entrepris la réhabilitation du paganisme, et qui n'ont pas assez de sarcasmes contre le Christ.

— Cet « imposteur »

— Et sa religion qui a sali le monde.

— Avec ses cathédrales, je vous dis.

— La religion chrétienne qui ne fait pas de distinction entre le riche et le pauvre, le fort et le faible, qui enseigne la fraternité et la justice, l'amour et le sacrifice, qui enfin a sali le monde.

— Mais, dites-moi, est-ce que la religion païenne ne salissait pas le monde, elle aussi, avec ces abattoirs et ces boucheries pleines de sang qu'on appelait les temples?

— Sans doute, mais en ce temps-là il y avait des maîtres qui savaient commander et se faire obéir au doigt et à l'œil, qui pour un caprice vous faisaient mettre en croix ou jeter aux murènes de leurs viviers des esclaves en veux-tu en voilà, et c'est cela que regrettent le chef de l'Action Française et son école.

— Oui, le temps des maîtres et des esclaves-nés.

— Voilà pourquoi ces Messieurs ne cessent de préconiser le retour au paganisme, attendu que, pour eux, l'avènement de Jésus-Christ et la pratique de sa doctrine constituent « une décadence dans la vie sociale de l'humanité ».

— Une décadence dans la vie sociale de l'humanité!

— Ce qui ne les empêche pas, remarquez bien, de prétendre servir cette Eglise à qui ils osent demander qu'elle se renie elle-même en les aidant à reconstruire le vieux monde païen. Et vous auriez voulu que le pape permît aux fidèles de continuer à fréquenter de tels maîtres!

— Je ne dis pas cela.

— Et qu'il ne condamnât pas une école qui pue non seulement l'hérésie, mais qui, sous prétexte de politique, et quelle politique! a entrepris de réhabiliter le paganisme. Et vous auriez voulu que le pape...

— Mais, dites-moi, comment des chrétiens, des catholiques, des gens qui pensent ont-ils pu prendre pour maîtres des gaillards qui n'ont que sarcasmes pour

— L'Evangile, les Actes des Apôtres, le Sermon sur la montagne, oui.

— Le Sermon sur la montagne aussi?

— Le Sermon sur la montagne surtout. Bienheureux les pauvres, bienheureux ceux qui pleurent, bienheureux ceux qui souffrent persécution pour la justice, ne nous parlez pas de cela.

— Mais, je vous le demande, comment des chrétiens ont-ils pu se laisser séduire par des idées si contraires à leur foi?

— C'est que ces Messieurs se proposaient de relever le trône et l'autel

— Oui, mais un autel sans Dieu

— Et qu'un grand nombre de catholiques écœurés par la persécution anticléricale ne voyaient dans le chef de l'Action Française qu'un pourfendeur des ennemis de leur religion, un défenseur de l'Eglise et son meilleur soutien.

— Un défenseur de l'Eglise!

— C'est ce qui explique qu'ils aient pu recruter tant d'adeptes. Bien que foncièrement antichrétiens, les dirigeants de l'Action Française affichaient un cléricalisme forcené, jusqu'à soutenir que tout ce qui n'était pas catholique, les juifs et les protestants par exemple, était odieux et méprisable, et se donnaient comme catholiques, et catholiques renforcés, au moins aussi catholiques que le pape, ce qui n'empêchait pas le Maître de proclamer dans le même temps que le pur christianisme, vous m'entendez?

— Dame! oui, j'entends.

— Que le pur christianisme n'était qu'une folie mystique, humanitaire et jacobine

— Folie mystique, humanitaire et jacobine, bon.

— Et le père de la Révolution

— Le père de la Révolution! Et quand ça serait?

— Et que la théorie de la fraternité humaine et la morale du sacrifice étaient antinaturelles, vous m'entendez?

— Antinaturelles, oui.

— Heureusement qu'au dire du Maître l'Eglise était là...

— Non, ce qu'il aime l'Eglise, le Maître!

— Pour défendre « l'amour contre la logi-que de ses excès. »

— Pour défendre l'amour contre la logique de ses excès! Mais...

— Et enlever à l'Ancien et au Nouveau Tes-tament ses « miasmes délétères. »

— Ses miasmes délétères! Par la merveille du Missel, sans doute?

— C'est bien cela. Enlever à l'Ancien et au Nouveau Testament ses « miasmes délétères » et au christianisme son venin. Car vous savez que pour le Maître le pur christianisme

— N'est qu'une folie mystique, humanitaire et jacobine, et le père de la Révolution, oui.

— Le pur christianisme, c'est-à-dire « le christianisme non catholique est odieux » et qu'il est « le parti des pires ennemis de l'Es-pèce ».

— Le christianisme non catholique!

— Oui, celui que l'Eglise n'a pas corrigé, « organisé », si vous préférez.

— Mais encore?

— Le christianisme qui enseigne que le Christ est Dieu, qu'il faut suivre ses préceptes, aimer son prochain comme soi-même, le chris-tianisme du Sermon sur la montagne, quoi. Voilà le pur christianisme, « le christianisme non catholique ».

— Tandis qu'au contraire le catholicisme... Voilà qui est gentil pour l'Eglise au moins! Le christianisme non catholique! Ah! Ah!

— C'est lui qui est le pire ennemi de l'Espèce.

— Quelle espèce?

— L'Espèce humaine parbleu. Rappelez-vous que, d'après le Maître, la religion chrétienne a sali le monde.

— Avec ses cathédrales, oui nous savons.

— Ce n'est pas cela — sali le monde avec ses théories sur la fraternité.

— Liberté, Egalité, Fraternité.

— Voilà comment le christianisme

— Le christianisme non catholique

— Est le pire ennemi de l'Espèce.

— Et voilà pourquoi votre fille est muette. N'empêche que je n'arrive pas à comprendre que des catholiques se soient ainsi laissé bourrer le crâne.

— C'est qu'encore une fois ces Messieurs de l'Action Française se donnaient comme catholiques.

— C'est bientôt dit : se donnaient comme catholiques. Mais avec des idées pareilles, ils n'auraient pas dû être écoutés.

— Et ils passaient pour les meilleurs défenseurs de la foi.

— Les meilleurs défenseurs de la foi!

— Mais le pape Pie X ne fut pas dupe, lui, car il faut vous dire que le Maître avait osé lui demander audience.

— Le bon apôtre !

— Au titre de défenseur de la foi.

— De défenseur de la foi !

— Un beau défenseur de la foi ! dit le pape qui lui fit consigner sa porte en déclarant qu'il ne recevrait pas un homme qui avait si mal parlé de Notre-Seigneur.

— Le bon apôtre !

— Il n'en est pas moins vrai que le chef de l'Action Française et ses collaborateurs ont continué longtemps à passer aux yeux d'un certain nombre de catholiques pour les meilleurs défenseurs de l'Eglise, cette Eglise grâce à laquelle, au dire du Maître, « le christianisme apparaît en France purgé de l'anarchisme évangélique et prophétique. »

— Purgé de l'anarchisme évangélique et prophétique ! Tandis que les protestants ?

— Tandis que les protestants, c'est bien cela, sont retombés avec Luther « aux ténèbres » de la conscience individuelle « fétichisme aussi fou et plus rétrograde que les superstitions de la Papouasie ».

— Fétichisme ausis fou et plus rétrograde que les superstitions de la Papouasie ! Diable !

— C'est le Maître qui parle.

— De sorte que, si je comprends bien, seul le protestantisme serait, d'après lui, conforme à l'Evangile?

— Dites plutôt aux « turbulentes Ecritures orientales et aux extravagances sémites ».

— Au lieu que le catholicisme?

— Aurait, grâce à la merveille du Missel et du Bréviaire, organisé, escamoté, ni vu ni connu je t'embrouille, Dieu, la Bible et l'Evangile.

— Et le Sermon sur la montagne aussi?

— Je vous l'ai déjà dit. Le Sermon sur la montagne surtout. Et vous auriez voulu que le pape n'intervienne pas, et que Pie XI, après Pie X, ne condamnât pas l'école et le journal qui propageaient ces belles doctrines?

— Encore une fois je comprends de moins en moins qu'avec des théories si peu évangéliques

— Dites plutôt antiévangéliques.

— Le Maître et sa clique aient pu recruter des disciples parmi les catholiques et jusque dans le clergé, dites-vous.

— C'est que tout en étant athées ils se donnaient comme monarchistes.

— Monarchistes et athées!

— Il paraît que cela va tout à fait bien ensemble, si l'on en croit M. de Gourmont qui disait...

— Qu'est-ce qu'il disait, M. de Gourmont?

— Il disait : « Monarchistes et athées, cela va merveilleusement ensemble. »

— Il parlait sérieusement, M. de Gourmont?

— Le plus sérieusement du monde.

— Diable!

— Le Maître et les principaux dirigeants de l'Action Française, tout en étant athées, se donnaient donc comme monarchistes, ennemis déclarés de la République dont certains ministres s'étaient, comme vous le savez, rendus odieux par leur sectarisme.

— C'était au temps du combisme, oui je me souviens.

— Ils se donnaient donc comme ennemis-nés.

— Il y a bien des esclaves-nés. Pourquoi pas?

— Ennemis-nés de la République, de la « gueuse » qu'il fallait étrangler à tout prix.

— Couic.

— Sans faire la moindre distinction entre le régime et la législation, comme aurait voulu le grand pape Léon XIII.

— Le pape du « Ralliement »

— Qui était, passez-moi l'expression, leur bête noire à ces Messieurs de l'Action Française qui, eux, refusaient de se rallier à la République dont ils se déclaraient les ennemis-nés, comme s'il ne pouvait pas y avoir de république honnête.

— De sorte que ces beaux défenseurs de l'Eglise et de la foi se sont trouvés en désaccord avec tous les papes de leur temps?

— Oui, avec Léon XIII qui n'admettait pas leur politique, avec son successeur Pie X qui a condamné leurs belles doctrines, et le pape actuel qui les a recondamnées.

— Ah! les beaux défenseurs de l'Eglise!

— Ennemis-nés surtout de la démocratie avec son « absurde idéal de liberté et d'égalité ».

— Son absurde idéal de liberté et d'égalité!

— Aussi absurde, au dire du Maître, qu'un cercle ou un triangle carré. Vous savez bien du reste que dans leur système il n'y a place — et voilà pourquoi ils haïssent tant la Révolution — ni pour la liberté, ni pour l'égalité, encore moins pour la fraternité.

— Oui, d'un côté les riches, les forts, les puissants, de l'autre les pauvres bougres. On comprend qu'il n'y ait pas de place pour la liberté là-dedans, ni pour l'égalité, ni pour la fraternité. Mais continuez, je vous prie.

— Ils se donnaient donc comme ennemis-nés de la république et de la démocratie, bien qu'il puisse y avoir une démocratie chrétienne, comme l'a déclaré le pape Léon XIII lui-même.

— Oui, mais c'est Léon XIII qui le disait.

— Et qu'à vrai dire, la véritable démocratie soit chrétienne, basée qu'elle est sur la fraternité humaine, l'esprit de justice et d'amour — ennemis-nés de la république et de la démocratie avec leur foule grossière et stupide.

— Comme nous sommes loin du *Magnificat!*

— Et de la religion chrétienne donc!

— Je ne comprends toujours pas comment un pareil maître a pu compter parmi ses disciples des catholiques, je parle de vrais catholiques, des catholiques authentiques.

— C'est qu'à leurs yeux (et certains se sont expliqués longuement là-dessus) le chef de l'Action Française ne passait pas pour « un athée positif » mais pour « un agnostique pur », un athée négatif, si vous préférez.

— Athée positif! Agnostique pur! Athée négatif! Qu'est-ce que cela veut dire?

— Cela veut dire que, pour eux, le Maître ne niait pas explicitement, vous entendez?

— Explicitement, oui.

— Il ne niait pas explicitement l'existence de Dieu, il se bornait à l'ignorer. On ne pouvait donc pas dire qu'il était un athée positif, non, mais seulement un agnostique pur, un athée négatif.

— Athée positif! Agnostique pur! Athée négatif! Et ces distinctions de cuistre contentaient et rassuraient ces braves catholiques?

— Elles les rassuraient et les contentaient d'autant plus qu'encore une fois ces Messieurs de l'Action Française se donnaient comme les défenseurs de l'Eglise.

— Et de la foi, oui.

— Les défenseurs de l'ordre.

— Faut de l'ordre dans la société, faut que ça marche, sacrebleu. Pour çà, ils ont raison.

— Mais vous savez bien que leur ordre à eux n'est fondé que sur la force. En haut l'élite, l'aristocratie

— Comme au temps des seigneurs, alors?

— Non pas seulement l'aristocratie de la naissance, mais l'aristocratie de l'argent, celle qui vient de la richesse et qui permet de dominer.

— Ah! je comprends pourquoi ces Messieurs n'aiment pas le *Magnificat*, ni le Sermon sur la montagne. Et c'est çà la société qu'ils nous proposent, c'est çà leur idéal!

— Qui n'est pas absurde comme l'autre, l'idéal de liberté et d'égalité.

— Ni comme un cercle carré, non. Mais continuez, je vous prie.

— Donc en haut l'élite, l'aristocratie, non seulement l'aristocratie de la naissance ou de l'argent, mais aussi celle de la pensée.

— L'aristocratie de la pensée? Ah! ça c'est mieux.

— Entendez ici la pensée que ne tourmente pas « l'inquiétude de l'Infini ».

— La pensée que ne tourmente pas l'inquiétude de l'Infini! Mais pourtant Pascal...

— C'est que le Maître et ses disciples ne pensent pas comme Pascal — attendu, comme ils disent, que l'inquiétude de l'Infini n'est pas « une inquiétude intellectuelle ».

— L'iquiétude de l'Infini n'est pas une inquiétude intellectuelle! Mais Pascal pourtant, et Leibnitz et tous les philosophes qui se sont préoccupés des grands problèmes de la destinée, de l'Au-delà, de...

— Mais vous savez bien ce que pense le Maître. Pour lui il n'y a qu'une idée qui compte : celle de fini. Quant au problème de la destinée, aux idées d'Infini, d'Absolu, de Parfait, à d'autres...

— Ah! quel grand penseur!

— Non, l'inquiétude de l'Infini n'est pas une inquiétude intellectuelle, croyons-en le Maître

— Ce phare de lumière

— Voilà l'aristocratie de la pensée, telle que l'entendent ces Messieurs de l'Action Fran-

çaise. C'est elle qui non seulement récuse
« l'obsédant fantôme de la morale », comme ils
disent, mais qui permet aux sages « d'exorciser la chimère de l'Infini ».

— D'exorciser la chimère de l'Infini !

— Et de professer qu'il n'y a pas d'autre
Dieu que la Raison, la Beauté et la Mort, « triple et unique fin du monde ».

— Triple et unique fin du monde, oui.

— Théorie de purs esthètes, comme vous
voyez.

— Théorie de purs esthètes ?

— Vous savez que les esthètes sont des gens
qui mettent la beauté au-dessus de tout, qui
prétendent se détacher de tout, sauf du plaisir
et de la volupté

— Et que ne tourmente pas sans doute l'inquiétude de l'Infini ?

— Qui, pleins de dédain pour les autres
hommes, ne reconnaissent d'autres lois que
leurs caprices, les « intérieures harmonies »
qu'ils se créent, comme dit le Maître.

— Cela n'a pas l'air bien moral. Mais ce
n'est pas bien nouveau non plus.

— C'est « la morale des maîtres » qui n'a
pas pour fin le bien général, mais « leur propre vertu » comme ils disent.

— Quelle vertu ?

— Leur intérêt, leur plaisir, le développement de leur moi, en un mot. C'est cela qu'ils appellent « leur propre vertu ».

— Tandis que les esclaves-nés?

— Sont faits pour obéir au doigt et à l'œil, pour leur plus grand bien du reste, incapables qu'ils sont de se conduire tout seuls et de trouver le chemin du Paradis.

— Le chemin du Paradis?

— Le paradis des esclaves, bien entendu. Tel est l'ordre que nous promettent ces Messieurs de l'Action Française. D'un côté l'élite

— L'élite, très bien

— D'un côté l'élite, les aristocrates, les surhommes

— Surhommes, fichtre! Et ce sont eux sans doute les surhommes?

— Et de l'autre les esclaves-nés, auxquels ces Messieurs qui sont « au-desus des lois »

— Qui sont au-dessus des lois, bon.

— Imposeront toutes celles qu'ils décrèteront, par tous les moyens.

— Par tous les moyens, politique d'abord, connu.

— Par tous les moyens, dût-on employer la matraque

— Employer la matraque?

— La « sainte matraque », comme disait l'un d'eux.

— Je comprends maintenant pourquoi Messieurs les camelots

— Du roi

— Ont tout le temps la matraque à la main.

— Attendu, comme ils disent, que « la seule vraie vertu, c'est la force ».

— La force prime le droit, nous connaissons çà.

— Et la force crée le droit

— Il y a du boche là-dedans.

— Chut ! — Par tous les moyens, dût-on employer la matraque

— La sainte matraque

— Et acheter les femmes et les consciences.

— Acheter les femmes et les consciences !

— Par tous les moyens, qu'on vous dit.

— Acheter les femmes et les consciences !

— Dame ! oui. Ainsi le veut la politique, la politique telle que l'entendent nos défenseurs de l'ordre, bien entendu.

— Nos défenseurs de l'ordre ! Merci.

— Et vous auriez voulu que le pape n'intervienne pas ?

— Je ne dis pas cela

— Et qu'il laissât cette clique ?

— Je ne dis pas cela

— Des gens qui enseignent qu'entre les maîtres et les esclaves

— Les esclaves-nés

— Il y a une distance infinie

— Rien que ça!

— Qu'ils ne sont pas de la même essence

— Zut, alors!

— Des gens qui n'ont que mépris pour les petits

— Les « instinctifs, les vils et les bas », oui

— Qu'il ne faut pas éveiller de leur stupeur bienheureuse

— Comme des brutes qu'ils sont

— Et qui défendent de toucher « au vénérable privilège qu'ont parfois ces bénis de mourir sans avoir vécu. »

— De toucher à quoi?

— « Au vénérable privilège qu'ont parfois ces bénis de mourir sans avoir vécu. » C'est le Maître qui parle ainsi.

— C'est le Maître qui parle ainsi. Mais...

— Le Maître qui voudrait qu'ils triment toute leur vie sans jamais sortir de leur stupeur bienheureuse.

— Comme des brutes qu'ils sont.

— Et vous auriez voulu que le pape n'intervienne pas?

— Je ne dis pas cela.

— Des gens pour qui « l'obscène chaos, c'est l'Infini, c'est Dieu ».

— Dieu, un chaos! Mais je croyais que le chaos...

— Des gens pour qui « l'obscène chaos c'est l'Infini, c'est Dieu ». C'est le Maître qui parle ainsi.

— Dieu, un chaos et obscène encore! Ah! quel grand penseur! Et notre pornographe, qu'est-ce qu'il dit, lui?

— Des gens qui accusent le Christ

— Ecrasons l'Infâme!

— D'avoir porté au monde un coup mortel avec sa morale

— Qui n'est pas la morale des maîtres, non.

— Et d'avoir donné aux hommes

— « Les modèles de la frénésie toute pure », oui.

— Et vous auriez voulu que le pape n'intervienne pas!

— Je ne dis pas cela.

— Et qu'il n'interdît pas aux fidèles de fréquenter de tels maîtres, des gens pour qui la distinction du bien et du mal n'est qu'un mot

— La distinction du bien et du mal un mot!

— Qui se croient supérieurs à tout et ne reconnaissent d'autres lois

— Que « les intérieures harmonies » qu'ils se créent. Très bien.

— Et qui n'admettent d'autres droits que le droit des forts à régner sur les faibles.

— Il est évident dans ces conditions que la

doctrine de l'Evangile doit un peu leur apparaître comme un trouble-fête

— Et le pire des trouble-fêtes avec ses « chimères » de fraternité, de justice et d'amour. C'est pourquoi ces Messieurs de l'Action Française n'ont pas assez de haine ni de sarcasmes contre le Christ

— Le Christ hébreu, oui

— Le Christ mort sur la croix pour qu'il n'y ait plus d'esclaves et que tous les hommes s'aiment comme des frères. C'est lui le coupable qui « a chassé les forts du trône »

— *Deposuit potentes de sede.*

— Et affranchi les esclaves qui « depuis ce moment ont reçu leur gouvernement de leur âme », comme dit le Maître.

— Il parle bien, le Maître!

— Et « ne sentent d'autre joug que celui de vivre et de mourir »

— A la bonne heure!

— Et fait que les femmes « devenues maîtresses d'elles-mêmes »

— Les femmes devenues maîtresses d'elles-mêmes! Fichtre!

— « Ont souri à tous. »

— Ont souri à tous! Les femmes! Oh!

— Entendez qu'elles n'ont plus été réservées aux plaisirs des maîtres

— Des maîtres-nés, je comprends.

— Et qu'elles ont pu devenir mères selon le désir de leur cœur, car il faut vous dire que le Maître est pour la restriction des naissances, lui, et qu'il estime qu'il faut à l'occasion savoir modérer la fécondité.

— Mais c'est là du pur malthusianisme !

— C'est la morale des maîtres ou, si vous voulez, la morale du Maître. En tout cas ce n'est pas la morale chrétienne, ce qui n'a pas empêché un brave abbé d'écrire du chef de l'Action Française qu'il était catholique

— Jusqu'aux moelles, oui.

— Et un autre

— Un autre abbé aussi ?

— Dame ! oui, un autre abbé — de proclamer que personne n'était « aussi catholique que cet athée agressif ».

— Aussi catholique que cet athée agressif ! Et c'est un abbé qui a écrit çà ! Décidément il était grand temps que le pape intervienne.

— Oui, c'est un abbé, un abbé de l'Action Française naturellement, qui a écrit que personne n'était « aussi catholique que cet athée agressif ». Et vous auriez voulu que le pape...

— Aussi catholique que cet athée agressif ! Catholique et athée à la fois !

— Athée-catholique, quoi.

— C'est-à-dire croyant en Dieu tout en n'y croyant pas ? Peut-être.

— Et haïssant par dessus tout le Christ qui a introduit la pitié en ce monde, la pitié qui, au dire du Maître, « dégrade l'Amour qui s'est nommé la charité ».

— Répétez, je vous prie.

— La pitié qui dégrade l'Amour qui s'est nommé la charité.

— La Pitié qui dégrade l'Amour !

— Qui s'est nommé la charité, oui.

— Alors la charité serait de l'amour dégradé ! Et pourtant rappelez-vous ce que disait saint Paul : « Quand même je parlerais toutes les langues, si je n'ai pas la charité...

— Laissez saint Paul

— Quand même je distribuerais tout mon bien aux pauvres, si je n'ai pas la charité...

— Laissez saint Paul

— Quand même je livrerais mon corps pour être brûlé...

— Laissez saint Paul, vous dis-je

— Si je n'ai pas la charité, je ne suis rien. »

— Laissez saint Paul qui n'était qu'un de ces petits juifs obscurs dont parle le Maître.

— « Tous les corps ensemble, a dit Pascal, et tous les esprits ensemble, et toutes leurs productions ne valent pas le moindre mouvement de charité. »

— Oui, mais je vous ai déjà dit que le Maître ne pense pas comme Pascal. Il est plutôt de l'avis de Karl Marx qui dénonçait la charité comme un « opium » et une « pourriture », ou de Nietzche qui l'appelait « une horrible vieille ».

— La charité une horrible vieille!

— En même temps qu'un opium et une pourriture, oui. C'est pourquoi il ne pardonne pas au Christ d'avoir introduit la pitié dans le monde, la pitié qui, en s'adressant à toutes les misères et à toutes les laideurs dégrade l'Amour qui s'est nommé la charité

— La pitié qui dégrade l'Amour!

— « Et dont chacun s'est cru digne, les sots, les faibles, les infirmes »

— Les sots, les faibles, les infirmes!

— « Les sots, les faibles, les infirmes » qui ont « reçu sa rosée ».

— Les sots, les faibles, les infirmes! C'est le Maître qui parle ainsi?

— Oui, le Maître n'entend pas que l'Amour puisse s'exercer envers toutes ces épaves de l'humanité, comme ils disent à leur Action Française, et il en veut à l'Evangile

— L'Evangile des quatre juifs obscurs, très bien.

— D'avoir dégradé l'amour et introduit la charité dans le monde. Ainsi pense le Maître « ce philosophe puissant et de franc lignage ».

— Philosophe puissant et de franc lignage!

— Oui, ce sont ses disciples qui l'appellent ainsi.

— Philosophe puissant et de franc lignage! De la lignée de Nietzche alors?

— Un géant de la pensée, vrai phare de lumière.

— Avec sa morale des esclaves!

— Non, lui, il est pour la morale des maîtres, ne confondons pas.

— Les maîtres-nés, oui nous savons.

— C'est le Christ, avec son *Misereor*, qui a introduit dans le monde « la morale des esclaves ». Heureusement, comme dit le Maître, que l'Eglise est là.

— Non, ce qu'il aime l'Eglise, le Maître!

— Pour « organiser l'idée de Dieu » et lui ôter son venin.

— Quel venin?

— Le venin de l'Evangile, du *Magnificat*, du Sermon sur la montagne, tout le venin de la religion, quoi.

— Et il s'est trouvé des nigauds d'abbés pour dire du Maître qu'il était « catholique jusqu'aux moelles? »

— Et que « personne n'était aussi catholique que cet athée agressif », oui.

— C'est à peine croyable!

— Et vous auriez voulu que le pape n'intervienne pas!

— Je ne dis pas cela

— Et qu'il n'interdît pas aux fidèles de fréquenter un tel maître

— Un phare de lumière pourtant

— Un homme qui appelle Dieu

— « Un chaos obscène » oui

— Et dont la plus grande préoccupation est de « chasser le surnaturel et le mystique », et qui en sa qualité de surhomme

— Bon, voilà qu'il est surhomme maintenant!

— N'a d'autre but politique

— Politique d'abord et par tous les moyens, connu

— Que d'enchaîner « les insensés et les vils »

— Et qui sont les insensés et les vils, s'il vous plaît?

— Mais presque tout le monde, la masse des travailleurs, tous ceux qui ne pensent pas.

— Ah! oui, les imbéciles dégénérés.

— Vous et moi par exemple.

— Merci.

— Et une fois enchaînés les insensés et les vils de les contenir avec le concours de l'Eglise

— Qui est là pour organiser l'idée de Dieu, très bien.

— De les contenir dans le devoir

— Le devoir aux maîtres-nés, pardi!

— Et permettre à Messieurs les esthètes

— Tels que l'honorable M. Maurras et Cie

— D'établir en ce monde non pas le règne de la justice et de la fraternité, vous voulez rire

— Nullement

— Non pas, dis-je, le règne de la justice et de la fraternité

— Liberté, Egalité, Fraternité, couic.

— Mais « le règne de la beauté » et le culte de la volupté.

— Tout ça c'est du propre. Et que devient la religion là-dedans?

— Mais elle ne devient rien du tout; c'est-à-dire qu'elle est « organisée ».

— Grâce à l'Eglise devenue garde-chiourme. C'est du propre. Il est beau le rôle que ces Messieurs attribuent à l'Eglise. Un rôle de garde-chiourme. Ah! Ah!

— Et vous auriez voulu que le pape n'intervienne pas et que...

— Je m'étonne seulement qu'il ne l'ait pas fait plus tôt.

— Mais je vous ai déjà dit que le pape Pie X avait porté contre l'école dite d'Action Française une condamnation que, dans sa grande bonté, il se réservait de rendre publique quand il le jugerait à propos, condamnation que les événements l'avaient empêché de rendre officielle, et que le pape actuel n'a fait que renouveler et confirmer.

— Et c'est ça « l'ordre » que nous promettent ces Messieurs de l'Action Française! L'ordre tel qu'il existe au bagne, oui. Holà! les travailleurs, c'est pour nous les aristocrates, les intellectuels et les esthètes qu'il faut trimer, forçats-nés que vous êtes. C'est ça l'ordre que ces Messieurs nous promettent! C'est ça leur politique! Elle est propre leur politique! Le retour à l'esclavage ni plus ni moins.

— Aussi savez-vous ce que le Maître a écrit sur l'institution de l'esclavage?

— Non.

— Il a écrit que l'institution de l'esclavage enlevait « à la démocratie antique ses pires inconvénients ».

— Que l'institution de l'esclavage enlevait à la démocratie antique ses pires inconvénients! Mais je croyais au contraire que le plus grand fléau de la société antique c'était justement l'esclavage.

— Ce n'est pas l'avis du Maître. Vous savez son horreur pour tout ce qui est démocratie. Eh bien! il pardonne à la démocratie antique, parce qu'elle avait établi l'esclavage, et que l'ordre régnait.

— Mais en lui-même l'ordre n'est rien, ce n'est qu'un moyen. C'est la fin qui importe.

— Et vous ne savez pas ce qu'à défaut de l'esclavage et pour maintenir ce bel ordre dans nos sociétés modernes avait imaginé un ami du Maître, un des plus grands intellectuels de l'Action Française ?

— Qu'est-ce qu'il avait imaginé ce géant de la pensée, ce phare de lumière ?

— C'est pas lui le phare de lumière, le géant de la pensée

— Catholique jusqu'aux moelles, philosophe puissant et de franc lignage.

— C'est le Maître, voyons, qui est le géant de la pensée et le phare de lumière

— Le Maître, oui.

— Eh bien ! pour maintenir l'ordre, notre intellectuel avait donc imaginé de former « une commission mixte composée de trois athées ».

— Une commission mixte composée de trois athées ?

— Ne m'interrompez pas, je vous prie — « une commission mixte composée de trois athées, de deux généraux, et

— Deux généraux ! Tonnerre !

— De trois athées, deux généraux et du père du Lac

— Le père du Lac, un jésuite !

— Ne m'interrompez pas, je vous prie — « une commission mixte composée de trois athées, deux généraux et du père du Lac...

— Mazette !

— « Et qui serait appelée à juger tous nos idéologues...

— A juger tous nos idéologues ?

— Oui, tous ceux qui ne pensent pas comme le Maître, vous et moi par exemple — « à juger tous nos idéologues, moins encore sur leurs paroles que sur l'air qu'ils ont. »

— Moins encore sur leurs paroles que sur l'air qu'ils ont ! Et deux généraux pour çà !

— Et trois athées.

— Et un père jésuite ! C'est à faire frémir !

— N'oubliez pas que c'est pour maintenir l'ordre.

— Moins encore sur leurs paroles que sur l'air qu'ils ont !

— C'est que « la raison d'Etat justifie tout » comme dit le Maître.

— La raison d'Etat justifie tout ?

— Par exemple envoyer les gens à la Bastille, quand il y en avait une, s'entend, acheter les femmes, les consciences.

— Acheter les femmes, les consciences !

— « Soyons proxénètes, enseigne le Maître. Achetons tous les moyens. Achetons les femmes, les consciences... La raison d'Etat justifie tout. » Est-ce clair, cela ?

— Mais la morale...

— Vous savez bien qu'il y a beau temps que ces Messieurs ont récusé l' « obsédant fantôme », voyons. Pour eux « le point de vue moral est un point de vue anarchiste »

— Un point de vue anarchiste! O Ravachol!

— Et il n'y a rien de plus dangereux que la conscience. Est-ce clair, cela?

— Acheter les femmes! les consciences!

— Puisque la raison d'Etat justifie tout, et que tous les moyens sont bons.

— Ah! oui, « par tous les moyens ».

— Et politique d'abord. Le reste ne compte pas.

— Acheter les femmes! les consciences! Mais la religion...

— Vous oubliez que le Maître est athée.

— Ce n'est tout de même pas une raison pour recommander d'acheter les femmes, nom d'une pipe. Quant à « chasser le surnaturel, le mystique »

— Et supprimer toute préoccupation de l'Infini, çà c'est le rôle de l'Eglise, tel que l'entendent ces Messieurs.

— Oui, un rôle de garde-chiourme.

— Ce n'est pas seulement cela. Le rôle de l'Eglise est surtout d'éteindre l'esprit de l'Evangile, de rendre « inoffensif » « le Nazaréen ».

— Rendre inoffensif le Nazaréen?

— C'est ainsi que le Maître appelle aussi le Christ

— Le Christ hébreu, l'imposteur hébreu, bien.

— A qui il ne pardonne pas, comme vous savez, d'avoir donné au monde par ses discours et ses exemples

— « Les modèles de la frénésie toute pure » très bien.

— Le rôle de l'Eglise, d'après ces Messieurs, est donc d'éteindre l'esprit de l'Evangile et de rendre inoffensif le « Nazaréen » qui a fait crouler l'ancien monde et répandu « la nuit sur l'âge moderne ».

— Par l'abolition de l'esclavage sans doute?

— C'est bien cela

— Comment encore une fois des chrétiens, des catholiques ont-ils pu choisir pour maître un homme qui...

— A leurs yeux est surtout le défenseur de l'ordre, ne l'oubliez pas.

— Oui, mais quel ordre!

— Le défenseur de l'ordre qu'un de ces Messieurs se propose de maintenir...

— Oh! j'ai retenu la phrase par cœur — grâce à une commission mixte composée de trois athées, deux généraux et d'un père jésuite. C'est bien ça?

— Le défenseur de l'ordre qu'il se propose

de maintenir par tous les moyens, y compris la matraque...

— La sainte matraque, oui nous savons. Mais encore une fois il est beau l'ordre tel que l'entendent ces Messieurs. D'un côté les maîtres-nés.

— Et de l'autre les « parasites » les « producteurs de fumier ».

— Les parasites! Les producteurs de fumier! C'est le Maître qui dit çà?

— Oui, c'est le Maître.

— Et qui sont les parasites, les producteurs de fumier, s'il vous plaît?

— Ce sont ceux qui ne coopèrent pas « au grand ouvrage humain », tel que l'entend l'Action Française, vous et moi par exemple.

— Les parasites! Les producteurs de fumier! Et c'est le Maître qui dit ça?

— Le Maître en personne.

— Non, on n'a jamais vu pareil cynisme! Et c'est ça l'école d'Action Française! C'est ça leur politique!

— Une véritable école d'irréligion et d'immoralité, comme vous voyez, un système uniquement basé sur la force, et d'où sont exclues la justice, la bonté, la pitié, la charité...

— La charité qui a dégradé l'Amour! Elle est bonne celle-là!

— Un système uniquement basé sur la force,

d'où est bannie la religion qu'un de ces Messieurs n'a pas hésité à comparer à « la rancœur des vieillards impuissants contre les images érotiques !

— C'est du joli !

— Système d'où est bannie la religion et la croyance en Dieu que le Maître appelle « l'hypocrisie théistique ».

— L'hypocrisie théistique !

— L'hypocrisie théistique qui « décompose et dissout tous les éléments de la communauté des hommes... ».

— L'hypocrisie théistique qui décompose et dissout tous les éléments de la communauté des hommes ! C'est le Maître qui dit ça ?

— « Non seulement l'Etat et ses modes divers, mais aussi la science, jusqu'à la pensée. »

— Qui décompose, qui dissout jusqu'à la science et la pensée ! La croyance en Dieu une hypocrisie théistique !

— Parce qu'au dire du Maître elle n'est qu'une illusion avec laquelle on se trompe soi-même et on trompe les autres.

— La croyance en Dieu une hypocrisie théistique !

— Vous savez qu'en grec Dieu se dit Théos, d'où théistique, d'où l'hypocrisie théistique.

— La croyance en Dieu une hypocrisie théistique!

— D'où le « venin » qui empoisonne les hommes.

— Malheureux hommes!

— Attendu que, d'après le Maître, l'idée du Dieu unique et infini n'est « qu'une ruineuse projection... suivez bien, je vous prie

— Une ruineuse projection?

— Une ruineuse projection hors de nous de la force anarchique qui nous habite. »

— Une ruineuse projection hors de nous...?

— De la force anarchique qui nous habite. Voilà ce que c'est que l'idée de Dieu.

— Une ruineuse projection hors de nous de la force anarchique qui nous habite! Mais alors Ravachol...

— C'est pourquoi le Maître ne sait quelles actions de grâces rendre à l'Eglise

— Non, ce qu'il aime l'Eglise, le Maître!

— A l'Eglise qui, d'après lui, a su subordonner les folles Ecritures orientales

— Autrement dit l'Evangile

— A la sagesse gréco-latine

— Grâce à la merveille du Missel et du Bréviaire, oui. Et c'est ça l'Action Française!

— C'est là son système philosophique et politique. Arriver par tous les moyens, puisque la raison d'Etat justifie tout, sans souci ni respect des hommes

— Ni des femmes

— A établir et maintenir l'ordre par le fouet et la matraque

— La sainte matraque

— Et même les supplices, s'il le faut, faire en sorte qu'une élite domine la masse

— Les aristos, quoi.

— Une élite d'esthètes et d'intellectuels et de forts à qui tous les bons bougres serviraient de marche-pied et de moyens de jouissance, ces Messieurs se réservant, comme de juste, le domaine de la beauté, de l'amour et de la volupté, cela avec le concours de l'Eglise qui serait chargée d'établir l'ordre dans les âmes

— En organisant l'idée de Dieu, compris.

— Et en ne laissant aux hommes d'autre horizon que la mort et le néant. C'est là tout le système philosophique et politique du Maître et de ces Messieurs de l'Action Française. Et vous auriez voulu que le pape n'interdît pas aux fidèles de...

— Je m'étonne au contraire qu'il ne l'ait pas fait plus tôt.

— Mais je vous ai déjà dit qu'avant la guerre le Pape Pie X avait déjà condamné l'Action Française et la revue du même nom, se réservant seulement dans sa grande bonté de publier le décret de condamnation quand il le jugerait à propos, ce que Pie XI se vit obligé de faire, à la suite des excès de l'Action Française, et après avoir, comme vous savez, longuement pris connaissance des principaux ouvrages du Maître et de ses collaborateurs. Au moins comme cela, on ne dira pas que l'Eglise a manqué de patience et qu'elle a agi avec précipitation. Toujours est-il que dans son allocution consistoriale du 20 décembre 1926, le pape publiait le décret de Pie X et ordonnait aux catholiques d'avoir à se séparer de maîtres (les maîtres, ce sont Messieurs les **dirigeants** de l'Action Française, vous comprenez bien) de maîtres dont les doctrines constituent, selon les propres paroles du Souverain Pontife, « un péril tant pour l'intégrité de la foi et des mœurs que pour la formation de la jeunesse catholique. Vous entendez?

— Dame! oui, j'entends.

— Et en même temps il défendait aux fidèles, je cite ses propres paroles, « de soutenir, de favoriser, de lire des journaux dirigés par des hommes dont les écrits, en s'écartant de nos dogmes et de notre doctrine morale, ne peuvent pas échapper à la réprobation, et dont il n'est pas rare que les articles, les comptes rendus et les annonces offrent à leurs lecteurs, surtout adolescents ou jeunes gens, mainte occasion de ruine spirituelle ».

— Cela c'est le bon sens même.

— Remarquez encore une fois que le pape laisse de côté les questions purement politiques, et qu'en cette matière il reconnaît à chacun, comme il l'a expressément déclaré, « la juste liberté ». Mais ce qu'il interdit aux fidèles, c'est de suivre aveuglément les dirigeants de l'Action Française dans les choses qui regardent la foi ou la morale. Et vous savez s'il y en a dans les écrits du Maître et de ses collaborateurs des choses qui regardent la foi ou la morale.

— Pour les bafouer, oui.

— Il est donc clair qu'en condamnant l'Action Française, le pape n'a pas agi pour des raisons mystérieuses ou politiques, et qu'il n'a fait que remplir un devoir, et même le plus important des devoirs de sa charge, celui de préserver « l'intégrité de la foi et des mœurs » et de défendre la morale chrétienne. L'Eglise pouvait-elle tolérer plus longtemps que des catholiques, surtout les jeunes, fussent groupés, comme on l'a dit, « sous le principat absolu d'un chef incroyant? »

— Disons : athée-catholique.

— Et n'était-il pas à craindre que la mentalité du Maître, mentalité toute païenne, comme nous l'avons vu, ne déteignît sur ses lecteurs

— Rien que par l'admiration qu'il leur inspirait

— Et ne les aveuglât au point de ne plus discerner les erreurs de sa pensée?

— Il me semble que c'était déjà fait, s'il est vrai que de braves abbés aient déclaré que le Maître était « catholique jusqu'aux moelles » et que personne n'était plus catholique que cet athée agressif. Athée agressif, c'est bien ça?

— C'est exact. Il était donc à craindre que les lecteurs et les disciples de l'Action Française ne s'imprégnassent de l'esprit du Maître, esprit purement païen, remarquez, et qu'en eux l'intégrité de la foi et des mœurs ne fût atteinte, puisque la politique de l'Action Française

— Politique d'abord et par tous les moyens

— Ne tient aucun compte de la foi ni de la morale

— Dont ces Messieurs ont chassé le vilain fantôme, oui je me souviens.

— Car qu'est-ce, je vous le demande, qu'une politique qui écarte les notions de juste et d'injuste, qui fait fi des faibles et des malheureux, qui rejette la pitié et la charité, une politique qui ne vise qu'au bien d'une élite, et qui faisant tout reposer sur la force

— O sainte matraque!

— N'a d'autre but que de restaurer la société antique avec toutes ses tares. Voilà pourquoi le pape a condamné l'Action Française. Ce n'est pas le parti qu'il condamne (l'Eglise, vous le savez, a toujours refusé d'inféoder la religion à un parti politique, quel qu'il soit, et laisse aux nations le soin de se donner le gouvernement qu'elles veulent) ce sont ses idées irréligieuses et immorales, idées qu'elle professe ouvertement dans les écrits du Maître et les chaires de son Institut.

— L'Action Française a donc un Institut?

— Oui, une sorte de petite Sorbonne où ces Messieurs s'efforcent par des cours et des conférences d'inculquer à leurs auditeurs les idées que vous connaissez.

— Vous m'en direz tant...!

— Et puis le pape pouvait-il tolérer l'injure que l'on faisait à l'Eglise de servir

— A organiser l'idée de Dieu, oui.

— En supprimant les notions d'immortalité, et de vie future, de justice et de charité, c'est-à-dire l'essence même du christianisme. Le pape, dis-je, qui venait de proclamer la rayauté universelle du Christ, pouvait-il supporter plus longtemps que des catholiques obéissent aveuglément à un chef qui n'a pas assez de sarcasmes contre ce même Christ, et que l'on fît servir la religion à un parti, et quel parti ! cela pour établir un ordre purement terrestre, et instaurer non une société basée sur l'idée chrétienne où s'épanouiraient la justice et la charité, mais une société fondée sur la force, avec d'un côté la richesse et la jouissance

— Pour ces Messieurs les esthètes

— Et de l'autre la peine et les travaux forcés

— Pour la racaille. Compris.

— Pour en finir, le pape enjoignit donc aux catholiques de l'Action Française d'avoir à se séparer de maîtres que lui, le chef de l'Eglise, il jugeait dangereux pour les âmes. Et savez-vous ce que ces Messieurs ont répondu ?

— Qu'est-ce qu'ils ont répondu au pape Messieurs les catholiques de l'Action Française ?

— Ils ont répondu comme autrefois saint Pierre et les apôtres à leurs persécuteurs...

— Comme saint Pierre et les apôtres à leurs persécuteurs !

— Ils ont répondu comme saint Pierre et les apôtres à leurs persécuteurs : *Non possumus.*

— *Non possumus !* Mais c'est le cri des martyrs qui refusaient d'apostasier. *Non possumus !*

— Comment trouvez-vous cela ? Voilà des gaillards qui ne craignent pas d'emprunter la parole même du Prince des apôtres pour déclarer à son successeur, au Chef de l'Eglise: nous n'obéirons pas. Voilà nos catholiques d'Action Française.

— *Non possumus!* Les martyrs préféraient mourir plutôt que de désobéir au pape, tandis que ces Messieurs... Et sur quoi se fondent-ils pour légitimer leur désobéissance?

— Oh! ces Messieurs ne sont pas en peine, vous pensez bien. Ils disent que le pape a condamné l'Action Française « pour des raisons de politique pure ».

— Pour des raisons de politique pure! Mais...

— Qu'il a voulu atteindre le patriotisme français.

— Atteindre le patriotisme français! Mais quel rapport...

— Atteindre le patriotisme français dans sa citadelle la mieux fortifiée.

— Et cette citadelle la mieux fortifiée c'est l'Action Française sans doute?

— Naturellement. L'Action Française qui, au dire de ces Messieurs, est le dernier rempart et le suprême salut de la France.

— Bon, voilà qu'ils s'attribuent le monopole du patriotisme maintenant.

— Car, disent-ils, si l'Action Française disparaissait, le salut de la France serait « vraiment en danger ».

— Sans l'Action Française le salut de la France serait en danger!

— Puisqu'ils sont les seuls à aimer la France, voyons. Voilà pourquoi le pape, en condamnant l'Action Française, a voulu atteindre le patriotisme.

— Dans sa citadelle la mieux fortifiée, oui.

— Aussi cette condamnation est-elle « un acte politique au premier chef ».

— Un acte politique au premier chef!

— Ce sont les propres paroles de ces Messieurs. Ils refusent d'obéir parce que, disent-ils, ils ne veulent pas « commettre un péché ».

— Ils ne veulent pas commettre un péché! En obéissant au pape! Vous riez, j'espère?

— Ils ne veulent pas « commettre un péché.

— Quelle est cette plaisanterie?

« — Un péché comparable en gravité à un crime tel que le parricide ».

— Un péché comparable à un parricide! Quelle est cette plaisanterie? Et ce serait le pape qui leur ordonnerait de commettre ce péché?

« — Comparable en gravité à un crime tel que le parricide », oui.

— Le pape ordonnerait aux fidèles de commettre un parricide maintenant! Non, laissez-moi rire.

— Comprenez donc. Le pape qui, au dire de ces Messieurs, poursuit un but politique et en veut mortellement à la France.

— Ah! Il en veut mortellement à la France, le pape?

— Le pape qui poursuit un but politique et qui en veut mortellement à la France dont ils sont les derniers défenseurs, suivez bien, je vous prie.

— Dont ils sont les derniers défenseurs, je vous écoute.

— En les mettant en demeure de quitter l'Action Française

— Le dernier rempart du patriotisme, le suprême salut de la France, oui.

— Il leur commandait, le pape, un crime contre la patrie, c'est bien simple.

— Mais si je vous ai bien compris, je croyais qu'en condamnant l'Action Française il ne visait que ses idées irréligieuses et immorales, et qu'il voulait seulement préserver l'intégrité de la foi et des mœurs?

— C'est le pape qui dit cela, mais ces Messieurs ne sont pas dupes, vous comprenez... En les mettant en demeure de quitter l'Action Française, le pape qui poursuit un but politique et en veut mortellement à la France dont ils sont les derniers défenseurs.

— Les derniers défenseurs! Laissez-moi rire.

— Leur commandait un crime contre la patrie, et les conviait à la trahison et au parricide.

— Les conviait à la trahison et au parricide! Le pape!

— C'est pourquoi ils refusent de lui obéir. *Non possumus,* s'écrient-ils avec saint Pierre et les apôtres.

— *Non possumus!*

— « Le père, disent-ils, qui demande à son fils, suivez bien, je vous prie.

— Le père qui demande à son fils

— « De tuer ou, ce qui revient au même, de laisser tuer sa mère

— De tuer ou de laisser tuer sa mère!

— « Peut être écouté avec respect »

— Peut être écouté avec respect? Sans blague!

— Ce sont ces Messieurs qui parlent. « Il ne peut pas être obéi ».

— Un père qui demande à son fils de tuer ou de laisser tuer sa mère! Quelle est cette plaisanterie?

— Peut être écouté avec respect

— Sans blague!

— « Il ne peut pas être obéi » là. C'est pourtant bien simple.

— Alors, si je comprends bien, le père qui demande à son fils de tuer ou de laisser tuer sa mère ?

— C'est le pape, et la mère c'est la France.

— Et les fils ?

— Les bons catholiques de l'Action Française qui refusent d'obéir au pape

— Lequel leur ordonne de commettre un parricide ! Non, elle est raide celle-là ! Le pape comparé à un père qui ordonne à ses fils de commettre un crime, un parricide, rien que ça ! et comparé par qui ? Elle est raide celle-là ! Autant dire que le pape est un criminel alors ! Et qui « peut être écouté avec respect », mais qui « ne peut pas être obéi ! » En fait d'injures..

— Voilà pourquoi ces Messieurs refusent d'obéir, tout en proclamant qu'ils n'en resteront pas moins « bons catholiques », pour cela. Mais ils ne veulent pas commettre un pareil crime, na.

— Le parricide que le pape leur ordonne ?

— Nous ne voulons pas trahir, qu'ils disent. « Nous ne trahirons pas notre patrie. *Non possumus* ».

— *Non possumus !* Comme les martyrs qui refusaient de sacrifier aux idoles !

— Et comme saint Pierre lui-même.

— Ainsi ces Messieurs n'hésitent pas à se servir de la parole du premier Chef de l'Eglise pour refuser d'obéir à son successeur?

— Pour ne pas commettre un parricide, oui.

— Parricide que le pape leur commande. Non, quels bouffons!

— Doucement, s'il vous plaît. D'après ces Messieurs

— Dites : ces bons catholiques

— Le pape qui en veut mortellement à la France

— Ah! le méchant pape!

— A commis, en condamnant l'Action Française, un acte politique

— Au premier chef, bon.

— Et comme ces Messieurs s'y connaissent en fait de politique

— Politique d'abord, oui

— Ils refusent d'obéir, c'est bien simple.

— Comment : c'est bien simple?

— Pourquoi aussi le pape leur ordonne-t-il de commettre un parricide?

— Mais quel rapport?..

— De tuer leur mère, de trahir leur patrie, de sacrifier la France? Voilà pourquoi ces Messieurs, tout bons catholiques qu'ils sont, refusent d'obtempérer. « Nous luttons presque seuls pour le salut de la France », disent-ils.

« Nous ne trahirons pas notre patrie. *Non possumus* ».

— Sérieusement, d'après ces bons catholiques, le pape serait l'ennemi de la France?

— Un ennemi mortel, je vous dis, qui n'hésite pas à recommander aux Français la trahison et même le parricide.

— Et pourtant depuis que Pie XI a commencé à régner, que de français et de françaises n'a-t-il pas glorifiés! Jeanne d'Arc*, Bernadette, notre petite Thérèse, les martyrs de la Révolution et tant d'autres! Et n'est-ce pas le pape Pie XI lui-même qui a appelé la France « la terre des saints », et qui dernièrement encore recevant une délégation des nôtres saluait en eux « les fils des martyrs », Pie XI dont la grande sollicitude va de préférence aux missionnaires qui pour la plupart sont de chez nous.

— Ne sortez pas de la question. Il s'agit de l'Action Française, et ces Messieurs soutiennent qu'en la condamnant le pape s'est révélé notre plus mortel ennemi.

— Comment cela?

— Il a fait un acte politique

— Au premier chef, oui.

---

(1) Canonisée par Benoît XV, et que Pie XI a proclamée la seconde patronne de la France.

— En employant le pire des moyens, le
« moyen religieux ».

— Je ne vois pas quel rapport...

— Comprenez donc! le pape qui dispose
contre les fidèles de cette arme terrible qui
s'appelle l'excommunication n'a pas hésité à
s'en servir.

— Mais quel personnage lui font-ils jouer
en cette affaire?

— Notez qu'ils le respectent comme un père.

— Comme un père qui ordonne à ses fils de
tuer leur mère, oui.

— Le pape, dis-je, qui dispose contre les
fidèles de cette arme terrible qui s'appelle
l'excommunication, n'a pas hésité à s'en servir
pour réaliser ses fins politiques qui ne tendent
à rien moins qu'à la ruine et la destruction de
la France. Politique d'abord et, par tous les
moyens, qu'on vous dit. Mais c'est le pape qui
pratique ces belles maximes. Ah! Ah!

— Parlez-vous sérieusement?

— Je vous expose de mon mieux l'accusation de ces Messieurs.

— Quelle accusation?

— L'accusation de nos « bons catholiques »
pardi! Ce sont eux qui accusent le pape.

— Qui accusent le pape! Vous voulez rire?

— D'avoir, en condamnant l'Action Française, fait un acte de pure politique.

— Un acte de pure politique! Comment cela?

— Je vous l'ai dit, en faisant appel au « moyen religieux »; c'est bien simple.

— Ainsi quand le pape condamne l'esprit de l'Action Française, qu'il dénonce l'athéisme des Maurras et Cie, l'immoralité et l'irréligion de leurs écrits et le péril qui en résulte pour la foi et les mœurs, quand il proteste contre ces appellations injurieuses de Christ hébreu, Nazaréen, turbulentes Ecritures orientales, extravagances sémites, quoi encore? venin de l'Evangile, du *Magnificat*, modèles de frénésie toute pure

— Que le Christ aurait donnés au monde, oui.

— Quand, dis-je, le pape proteste contre l'école de ceux qui placent les intérêts des partis avant la religion et veulent faire servir celle-ci à ceux-là, quand il s'indigne du rôle qu'ils prêtent à l'Eglise et qu'il dénonce les mauvais livres et les journaux qui les recommandent à leurs lecteurs, quand il condamne ces maximes exécrables « Politique d'abord » et « Par tous les moyens »

— Ces Messieurs en ont encore d'autres, par exemple celles-ci : « Toute force est bonne en tant qu'elle est belle et qu'elle triomphe ».

— Toute force est bonne en tant qu'elle triomphe? Vous ne me l'aviez pas dit.

— « Ayons de l'argent, et par l'argent achetons tous les moyens et tous les mobiles ».

— Oui, je sais : « Achetons les femmes, les consciences, les trahisons » — quand, dis-je, le pape condamne toutes ces belles maximes, il fait un acte politique?

— Un acte politique au premier chef, en se servant de la religion comme moyen d'intimidation. C'est bien simple.

— Dans ces conditions, le pape ne serait donc que le pire des hypocrites, un Tartufe? Et ce sont nos « bons catholiques », comme ils s'intitulent, qui pensent ainsi?

— Qui le pensent, qui le disent et qui l'écrivent. C'est le pape qui, sous le couvert de la religion, a ourdi ce noir complot contre la France avec l'aide de la Sûreté Générale.

— De la Sûreté Générale!

— Et c'est le principal collaborateur du Maître, le spécialiste de la pornographie et de l'insulte

— Ah! oui, le marchand de cochonneries

— Qui, non content de rivaliser dans ses romans avec le fameux livre du Maître « *Le chemin de Paradis* »

— Le chemin du Paradis?

— Non : *le chemin de Paradis*. Un livre d'histoires malpropres.

— Par le temps qui court, c'est ce qui rapporte le plus.

— C'est, dis-je, notre spécialiste qui, après avoir déclaré que la condamnation de l'Action Française était « une mesure stupéfiante et d'une violence qu'on a rarement vue »

— Une mesure stupéfiante et d'une violence qu'on a rarement vue! Au fait il doit s'y connaître, lui, étant pornographe

— Et bon catholique, oui.

— Catholique et pornographe, alors?

— C'est lui, dis-je, qui a découvert heureusement pour notre pays, le terrible complot ourdi par le pape et ses séides.

— Le pape et ses séides! Quels séides?

— Les cardinaux et les évêques de France parbleu! principalement l'archevêque de Bordeaux, Son Eminence le cardinal Andrieu que ces Messieurs ne cessent de traiter de menteur et de faussaire.

— De menteur et de faussaire!

— Parce qu'il a porté jusqu'à Rome le « venin » de ses mensonges et de ses faux.

— Encore du venin! Le venin de ses mensonges et de ses faux!

— Et qu'il a empoisonné l'Eglise de France.

— Empoisonné l'Eglise de France! Comment cela?

— Je vous l'ai dit, avec le « venin » de ses mensonges et de ses faux.

— Qu'il a porté jusqu'à Rome! Je ne comprends pas.

— C'est-à-dire que le premier en France depuis la guerre (car avant, d'autres évêques l'avaient déjà fait, ce qui a provoqué le décret de condamnation de Pie X) l'archevêque de Bordeaux a, dans une lettre à ses diocésains, dénoncé les erreurs de l'Action Française, et que c'est cette lettre connue du pape qui, *in petto*, ne l'oubliez pas, nourrissait déjà de noirs desseins contre notre pays, qui a tout déclenché. Comprenez-vous maintenant comment l'archevêque de Bordeaux a porté jusqu'à Rome le « venin » de ses mensonges et de ses faux?

— Que de venin, Mesdames et Messieurs!
— Et empoisonné l'Eglise de France?
— Empoisonné l'Eglise de France!
— A preuve que les autres évêques se sont dépêchés d'imiter leur collègue, qu'ils ont eux aussi dénoncé les erreurs de l'Action Française, approuvé et fait connaître à leurs ouailles la condamnation portée par le pape, et qu'ils marchent avec lui comme un seul

homme. Voilà pourquoi l'Eglise de France est empoisonnée.

— Parce que ses évêques obéissent au pape?

— Lequel, ne l'oubliez pas, a ourdi contre notre pays

— Avec l'aide de la Sûreté Générale, oui.

— Un complot qu'a heureusement découvert notre spécialiste qui est aussi un bon catholique, remarquez bien.

—Catholique et pornographe, alors !

— Oh ! vous savez qu'ils sont tous bons catholiques là-dedans, catholiques jusqu'aux moëlles, comme leur Maître.

— Qui est athée

— Oui, mais athée-catholique et catholique-mécréant par-dessus le marché. Ah ! ce sont de « bons catholiques » que ces Messieurs de l'Action Française, les meilleurs catholiques de France et à qui on ne la fait pas, je vous assure. Le pape ayant déclaré solennellement qu'il parlait en Pontife « en vertu de son pouvoir direct sur la doctrine et la morale » en dehors de toute considération politique, nos bons catholiques n'ont pas hésité à le démentir publiquement, et à affirmer qu'il avait une idée de derrière la tête, qu'il leur commandait un péché.

— Un parricide, oui.

— Et qu'ils ne voulaient pas « assassiner leur mère »

— Leur mère l'Eglise?

— Non, la France. Comme ces Messieurs ne voulaient pas assassiner leur mère, ils refusèrent d'obéir au pape qui avait ourdi contre notre pays

— Avec l'aide de la Sûreté générale, oui

— Le noir complot que vous connaissez. C'est bien simple.

— Mais pourquoi le pape qui a glorifié tant de saints et de saintes de chez nous déteste-t-il la France?

— C'est qu'il veut rétablir le Saint-Empire romain germanique.

— Rétablir le Saint-Empire romain germanique! Comme au Moyen-Age, alors!

— Ce sont ces Messieurs qui l'affirment.

— Rétablir le Saint-Empire romain germanique!

— C'est en vain que le Saint-Père proteste, qu'il proclame, qu'il explique que s'il a condamné l'Action Française c'est pour des raisons essentiellement religieuses et spirituelles, ces Messieurs n'en croient rien et déclarent qu'en cette affaire le pape est poussé par l'Allemagne.

— Le pape un agent de l'Allemagne maintenant!

— A les entendre, le pape serait prêt à sacrifier la France à l'Allemagne, en vue de la reconstitution du Saint-Empire romain germanique.

— Et sur quoi se basent ces Messieurs pour affirmer une chose pareille?

— Sur rien, mais peu importe. Il suffit qu'ils l'affirment. Le Saint-Père a beau s'élever de toutes ses forces contre une telle allégation, ces Messieurs ne veulent rien savoir. Aussi refusent-ils de quitter l'Action Française pour ne pas trahir leur patrie, assassiner leur mère, na.

— Mais comment trahiraient-ils leur patrie en quittant l'Action Française?

— Parce qu'encore une fois l'Action Française est, comme ils disent, « la dernière chance de salut » pour le pays, son « unique moyen de salut ».

— En vérité ces Messieurs ne pensent pas mal d'eux-mêmes.

— Ils estiment que sans l'Action Française le pays est perdu, qu'il va à sa ruine. Alors, vous comprenez, le pape qui condamne l'Action Française et qui veut rétablir le Saint-Empire romain aux dépens de la France ne peut être qu'un ennemi.

— Mais en prêtant un tel dessein au Souverain-Pontife, ces Messieurs ne voient-ils pas qu'ils font le jeu des anticléricaux?

— Ces Messieurs ne s'occupent pas de cela. Pour eux, le pape qui a condamné l'Action Française, c'est l'ennemi.

— Le cléricalisme, voilà l'ennemi! Mais, dites-moi, le pape Pie X qui avait déjà condamné l'Action Française, puisque le pape actuel n'a fait que confirmer et publier cette condamnation, le bon pape Pie X était aussi un ennemi de la France alors?

— Non, ces Messieurs disent que c'est faux.

— Qu'est-ce qui est faux? Expliquez-vous.

— Il est faux, au dire de ces Messieurs, que le pape Pie X ait condamné l'Action Française.

— Et Pie XI qui affirme le contraire?

— Aurait menti et commis un faux en déclarant qu'il avait découvert dans les archives du Vatican le soi-disant décret de condamnation de Pie X.

— Le pape Pie XI aurait menti et commis un faux!

— En se prêtant à « une indigne falsification de documents

— Une falsification de documents!

— « Utilisant pour les besoins de la cause un prétendu décret de la Congrégation de l'Index fabriqué de toutes pièces par des faussaires[1] ».

— Le pape Pie XI un menteur et un faussaire !

— Mais ces Messieurs ne sont pas dupes, eux, ce qui ne les empêche pas de rester « bons catholiques », notez bien !

— De rester bons catholiques !

— Aussi bons catholiques sans doute que Philippe le Bel et ses légistes qui traitaient le pape Boniface VIII de « malfaiteur » et « d'infâme brigand », après avoir falsifié ses bulles.

— Le pape Pie XI un menteur et un faussaire !

— C'est en vain que le Saint-Père a plusieurs fois déclaré solennellement : Pie X le premier a condamné les doctrines de l'Action Française et les a si bien condamnées qu'il a demandé que « le décret de condamnation, quand il serait publié, portât sa signature avec la date[2]...

— C'est ce qui s'appelle prendre ses responsabilités au moins !

— Ces Messieurs jurent que c'est faux. A Pie XI ils oposent Pie X qui avait si peu d'es-

____

(1) La phrase entre guillemets est du journal : *La Vie Catholique.*
(2) 29 janvier 1914.

time pour leur chef qui avait osé lui demander audience, comme je vous l'ai dit

— Le bon apôtre!

— Qu'il avait refusé de le recevoir.

— Le bon apôtre!

— A Pie XI ils opposent donc Pie X au risque de « déchirer la robe de l'Eglise »

— Pour des hommes « d'ordre » c'est réussi!

— Et qualifient de « mensonge », vous entendez?

— De mensonge, parfaitement

— La condamnation de l'Action Française par Pie X. C'est le pape actuel, avec son entourage, qui a tout machiné.

— Le pape Pie XI un menteur et un faussaire!

— Et un agent de l'Allemagne par-dessus le marché

— L'Allemagne au-dessus de tout!

— Qui fait servir la religion à la politique

— Pour rétablir le Saint-Empire romain germanique

— Et qui commande à ses fils d'assassiner leur mère

— Le misérable!

— Voilà pourquoi ces Messieurs refusent obéissance au pape qui leur ordonne encore « d'appeler blanc » ce qui est « noir ».

— D'appeler blanc ce qui est noir! De plus

en plus fort! Et ce sont ces « bons catholiques?... »

— Appeler blanc ce qui est noir, ces Messieurs ne peuvent vraiment pas. *Non possumus*, qu'ils disent.

— Comme les martyrs.

— Voilà pourquoi ils refusent obéissance au pape et le démentent en face quand il affirme qu'à l'exemple de Pie X, ce qu'ils contestent du reste, il a frappé l'Action Française pour « des raisons essentiellement religieuses et spirituelles », alors qu'eux savent bien

— Ils savent mieux que le pape ce qu'il fait, alors?

— Qu'en réalité l'Action Française est frappée pour des raisons de pure politique, pour des « desseins de politique internationale », comme ils disent. C'est donc, comme vous voyez, un démenti formel qu'ils donnent au pape dont « la politique gasparrienne »...

— La politique gasparrienne?

— Du nom de son Secrétaire d'Etat, Son Eminence le cardinal Gasparri qui serait le conseiller du pape et l'instigateur de sa politique.

— La politique gasparrienne !

— C'est le maître-ès-pornographie qui a eu cette trouvaille.

— La politique gasparrienne !

— Du nom, vous dis-je, de Son Eminence le cardinal Gasparri qui est le Secrétaire d'Etat de Pie XI, après avoir été celui de Benoît XV.

— Donc l'homme de confiance de deux papes. La politique gasparrienne !

— Toujours est-il que, d'après ces Messieurs, le pape en condamnant l'Action Française a commis un abominable abus de pouvoir.

— Un abominable abus de pouvoir ! Je vous écoute.

— Tout à fait semblable à celui que l'Eglise a jadis commis contre Jeanne d'Arc.

— Voilà qu'ils se comparent à Jeanne d'Arc maintenant !

— Car pour ces Messieurs il ne fait pas de doute que dans la condamnation et le supplice de Jeanne d'Arc l'Eglise était complice.

— Mais c'est parler comme les pires anticléricaux ! Tous les gens de bonne foi savent bien que ce n'est pas l'Eglise qui a condamné Jeanne d'Arc, que ce sont les juges de Rouen parmi lesquels un mauvais évêque, le sieur Cauchon, il y a bien eu un traître parmi les apôtres, qu'au contraire c'est l'Eglise qui l'a réhabilitée, et si bien réhabilitée qu'elle l'a élevée sur les autels. Le même abus de pouvoir que pour Jeanne d'Arc !

— C'est leur journal qui dit cela, ce journal

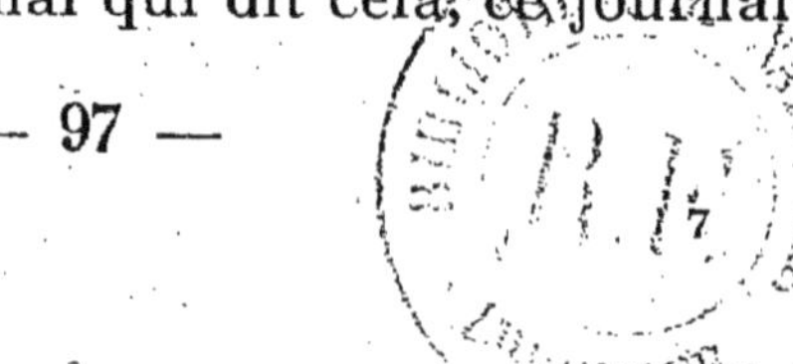

qu'un évêque n'a pas hésité à appeler « la feuille la plus anticléricale de France ».

— Ces Messieurs de l'Action Française oser se comparer à Jeanne d'Arc!

— Ne sont-ils pas « la dernière chance de salut » du pays, son « unique moyen de salut?»

— Oser se comparer à Jeanne d'Arc!

— Ce n'est pas seulement à Jeanne d'Arc qu'ils se comparent, mais aux Apôtres et au Christ.

— Au Christ que leur maître a tant bafoué dans ses livres!

— Ce n'est pas la question. Ils se donnent comme victimes, entendez bien

— J'entends

— Comme victimes « d'une persécution tenace » qui, assurent-ils, s'exerce « de préférence sur les vieillards et sur les jeunes gens »

— Une persécution qui s'exerce de préférence sur les vieillards et les jeunes gens!

— Et qui n'épargne même pas les morts.

— Une persécution qui n'épargne même pas les morts! Comme au temps des Catacombes alors? Et qui sont les persécuteurs, s'il vous plaît?

— Le pape et ses séides, parbleu!

— Le pape et ses séides?

— Le pape et les évêques, si vous préférez.

— Ainsi c'est le pape et les évêques qui sont

les auteurs de cette persécution tenace; persécution tenace, c'est bien ça?

— Persécution tenace, oui.

— Qui s'exerce de préférence sur les vieillards et sur les jeunes gens, c'est bien ça?

— Sur les vieillards et les jeunes gens, oui.

— Et qui n'épargne même pas les morts?

— Certainement.

— Ainsi le pape n'est pas seulement un menteur et un faussaire?

— C'est aussi le pire des persécuteurs, puisqu'il s'acharne sur les morts.

— Qu'il s'acharne sur les morts?

— Puisqu'il n'épargne même pas les morts, qu'on vous dit. Aussi son compte est bon, et ces Messieurs n'ont pas hésité à le déférer dare-dare ainsi que les seigneurs évêques au tribunal du Souverain Juge.

— Au tribunal du Souverain Juge! Et qui sont ces Messieurs qui osent déférer le pape et les évêques au tribunal du Souverain Juge?

— Ce sont les « bons catholiques » de l'Action Française, pardi! « Aussi bien, écrivent-ils dans leur journal, n'est-ce pas à nous qu'ils auront à rendre des comptes peut-être terribles ».

— Ils, c'est le pape et les évêques, si je comprends bien?

— Naturellement.

— Le pape déféré au tribunal du Souverain Juge! Et par des catholiques encore! Serait-ce parce qu'il a dénoncé l'athéisme du Maître et son hypocrisie théistique?

— Au contraire, c'est le Maître qui a dénoncé l'hypocrisie théistique du pape et des évêques.

— Et déclaré que l'Action Française était condamnée pour des « raisons religieuses et spirituelles?

— C'est justement pour cela qu'ils le défèrent au tribunal du Souverain Juge

— A qui il aura à rendre des comptes terribles, oui

— Attendu que ces Messieurs nient « le caractère essentiellement religieux de cette condamnation » contrairement à ce qu'affirme Pie XI

— Qu'ils accusent sans doute d'avoir voulu préserver « l'intégrité de la foi et des mœurs?»

— C'est justement cela qu'ils nient, vous dis-je. Ils estiment, eux, que la condamnation de l'Action Française est une mesure « indiscutablement politique ». Indiscutablement. Vous entendez?

— Indiscutablement, c'est-à-dire qui n'est pas discutable, pas le moins du monde discutable, qui saute aux yeux.

— C'est cela même.

— Pourtant la parole du pape...

— « Indiscutablement politique ». Remarquez cet indiscutablement.

— Indiscutablement, oui. Mais encore une fois la parole du pape...

— « Une mesure indiscutablement politique », vous dis-je, « pour bâillonner les patriotes français ».

— Pour bâillonner les patriotes français ! Diable !

— Tout simplement. Le pape a beau proclamer que l'Action Française était condamnée non parce qu'elle est monarchiste, mais parce qu'elle est dirigée par des hommes qui, par leurs écrits, se sont mis en contradiction formelle avec la foi et la morale catholiques

— Tel le Maître avec ses diatribes contre l'Evangile, et notre pornographe avec son *Entremetteuse*, oui.

— Et qu'elle a pour base des erreurs fondamentales avec son culte de la force et ses belles maximes

— Achetons les femmes. Par tous les moyens. Politique d'abord. Aoh ! yes.

— D'où résulte ce que le Souverain Pontife a lui-même appelé un « système religieux, moral et social » contraire au dogme et à la morale chrétienne

— Il n'est pas besoin d'être grand clerc pour

voir que les principes du Maître et de ses collaborateurs ne cadrent pas très bien avec le dogme et la morale

— Nos bons catholiques ne veulent rien entendre, et n'hésitent pas à déclarer que déserter l'Action Française est « un péché grave » et un « crime contre l'honneur ».

— Un péché grave et un crime contre l'honneur! Et c'est le pape qui leur commande ce péché grave et ce crime contre l'honneur!

— Personne, disent-ils, par même le pape, n'a le droit de nous « imposer de semblables chutes morales ».

— Et c'est le pape qui voudrait!...

— Le pape, poussé par « la cabale boche, proboche et philoboche ».

— La cabale boche, proboche et philoboche! C'est du grec, ça?

— C'est l'entourage du pape que leur journal désigne ainsi.

— Pas bien respectueux tout de même le journal de ces « bons catholiques ». La cabale boche, proboche et philoboche!

— Si peu respectueux qu'un évêque n'a pas hésité à l'appeler, comme je vous le disais tout à l'heure, « la feuille la plus anticléricale de France ».

— La cabale boche, proboche et philoboche!

— Qui mène le pape et qui a juré la ruine

de notre patrie. Mais ces Messieurs ne sont pas hommes à se laisser bâillonner, surtout par le pape! Pensez donc! le pape qui travaille à la restauration du Saint-Empire romain germanique, et qui dépasse les limites de son autorité! Ce sont ces Messieurs de l'Action Française qui disent ça

— J'entends bien

— Le pape qui dépasse les limites de son autorité, commande des choses contraires au patriotisme, déteste la France.

— Et qui ordonne aux fidèles de commettre des péchés mortels! Ces gens-là sont fous.

— « De pareilles allégations, je cite une phrase du Saint-Père, souverainement injurieuses pour Nous

— Surtout de la part de catholiques

— Ne sont pas seulement contraires à Nos déclarations répétées et formelles et à la plus évidente vérité; elles touchent à la démence ».

— Et ce sont des catholiques qui font ça! qui mettent en doute la parole du Souverain Pontife, et cela au moment où nous savons que son cœur saigne à la pensée de ses fils du Mexique — de vrais martyrs, ceux-là — traqués et abattus par les bandits de Calles, ce sont des catholiques qui font ça au pape! Ce sont des catholiques, et de « bons catholiques », comme ils s'intitulent, qui font ça au Chef de l'Eglise que nous voyons travailler avec tant de zèle à répandre l'Evangile par toute la terre, qui a glorifié tant de saints et de saintes de chez nous, qui vient de proclamer la souveraineté du Christ-Roi!

— Oui, mais vous savez bien ce que le Maître et les siens pensent du Christ et de son Evangile, eux qui auraient tant voulu que l'Eglise renonçât au Dieu du Golgotha.

— Que l'Eglise renonçât au Dieu du Golgotha! Qui parle ainsi?

— C'est le Maître, voyons.

— Que l'Eglise renonçât au Dieu du Golgotha!

— Qu'elle reniât le Christ, si vous préférez.

— Je comprends bien.

— Qu'elle renonçât au Dieu du Golgotha pour lui substituer les divinités de l'Acropole.

— Pour lui substituer les divinités de l'Acropole! Jupiter? Minerve?

— C'est bien cela, Jupiter, Minerve et Vénus aussi — et qu'elle « se délivrât du poison démagogique »

— Du poison démagogique!

— C'est que pour ces Messieurs, démagogie et démocratie, c'est tout un, et vous savez comme ils la haïssent la démocratie!

— Mais...

— Ils auraient donc voulu que l'Eglise « se

délivrât du poison démagogique », autrement dit que la religion ne soit pas « pour la foule ».

— Que la religion ne soit pas pour la foule! Mais...

— Ils auraient donc voulu — c'est le Maître qui parle — que l'Eglise « se délivrât du poison démagogique et de l'odeur du ghetto oriental » suivez bien, je vous prie.

— Du poison démagogique et de l'odeur du ghetto oriental

— Semés dans le monde par la Bible judéo-chrétienne, par l'Evangile des quatre juifs obscurs, Mathieu, Marc, Luc et Jean et ce Christ de l'histoire... »

— Le Christ hébreu, pardi!

— « Par qui fut brisée l'armature de la cité antique ». Voilà ce qu'ils auraient voulu.

— Que l'Eglise renonçât au Dieu du Golgotha!

— Pour lui substituer les divinités de l'Acropole, oui.

— Les divinités de l'Acropole? Apollon? Jupiter? Minerve?

— Et Vénus aussi.

— Vénus aussi?

— Pourquoi pas?

— Non, quels bouffons!

— Doucement, s'il vous plaît.

— Et entre de tels maîtres et le successeur

des Apôtres nos « bons catholiques » n'hésitent pas! Ils sont pour le sieur Maurras! Il est vrai que c'est un phare de lumière, un géant de la pensée, quoi encore? un philosophe puissant et de franc lignage

— Et catholique jusqu'aux moëlles, donc!

— Avec ses contes érotiques et sa politique et sa société renouvelée de l'antique et toute la boutique, en haut l'élite, les esthètes, les jouisseurs, les surhommes, en bas, sous leurs pieds, la masse, la foule pour qui il ne doit pas y avoir de religion, les petites gens pour servir ces Messieurs. Philosophe puissant et de franc lignage! Ah! Ah! Et qui ne pense pas comme Pascal, ni comme Descartes, ni comme Leibnitz. Je vous crois sans peine. Je vous dis qu'il n'y a pas l'ombre d'originalité dans tout ça, et que le système de ce géant de la pensée n'est qu'un micmac, un ramassis d'idées à la roi de Prusse. Philosophe puissant et de franc lignage! De la lignée de Nietzche sans doute. Pas de celle de Platon en tout cas. De la littérature tout au plus. Philosophe puissant et de grand lignage! Ah! Ah! Géant de la pensée! Vrai phare de lumière! Tous ces gens-là sont fous.

— Le pape a beau déclarer que ce qui l'a fait condamner l'Action Française « ce ne sont pas, je cite ses propres paroles, les préjugés ni les intérêts d'un parti, ni des raisons humaines... » mais « le souci de défendre l'honneur du Roi divin, le salut des âmes, le bien de la religion »

— Qu'un de ces Messieurs a osé comparer à « la rancœur des vieillards impuissants ». Les salauds!

— « Le bien de la religion et la prospérité future de la France catholique », eux n'en croient rien.

— Ah! les bons catholiques!

— Ils disent que c'est par esprit de parti, pour des raisons humaines, parce qu'il déteste la France que le pape a condamné l'Action Française.

— Faut-il qu'ils soient entichés du Maître tout de même pour parler ainsi!

— Et comme vous voyez que le pape a eu raison d'intervenir.

— Encore une fois je m'étonne qu'il ne l'ait pas fait plus tôt.

— Vous savez que l'Eglise est prudente, qu'elle abhorre toute précipitation, qu'elle n'aime pas condamner. Et puis le Souverain Pontife, à l'exemple de Pie X, a d'abord voulu employer la douceur.

— Oui mais ces Messieurs ne connaissent que la matraque.

— Vous voyez, dis-je, comme le pape a eu

raison de condamner l'Action Française et de mettre les fidèles en garde contre ses théories, puisque certains de ses adhérents qui se disent catholiques, et « bons catholiques » encore, en viennent à mépriser les paroles du Chef de l'Eglise et à le démentir publiquement, intoxiqués qu'ils sont par les écrits du Maître et de ses collaborateurs

— Parmi lesquels un marchand de cochonneries, oui.

— Doucement, s'il vous plaît?

— Pourquoi : doucement?

— Vous semblez ignorer qu'un brave abbé, et non des moindres

— Encore un abbé!

— A écrit que « l'œuvre romanesque » du susdit

— Bon, je vous écoute

— Avait « une valeur pour ainsi dire édifiante ».

— Une valeur pour ainsi dire édifiante! Pourtant le pape qui a qualifié ses romans de « romans licencieux »...

— « Si bien — je continue la citation — que ce grand artiste du style

— Une œuvre édifiante l'œuvre romanesque du pornographe!

— N'oubliez pas : pour ainsi dire.

— Une valeur pour ainsi dire édifiante!

Pour ainsi dire! Pour ainsi dire! Et qui est-ce qui dit cela : pour ainsi dire?

— Oh! un prêtre tout à fait honorable.

— Et pourtant le pape qui a condamné « les romans licencieux » du susdit...

— « Si bien — je continue la citation — que ce grand artiste du style

— Ce grand artiste du style!

— « Et doué d'une imagination prodigieuse

— Avec ses histoires de Sûreté générale

— « Est à ranger en fait parmi les romanciers les plus moraux ».

— A ranger parmi les romanciers les plus moraux!

— En fait. N'oubliez pas : en fait.

— En fait! Pour ainsi dire! A ranger en fait parmi les romanciers les plus moraux! L'homme de l'*Entremetteuse!* Et c'est un prêtre qui a écrit ça!

— Comme c'est un prêtre aussi qui a dit du chef de l'Action Française qu'il était « catholique jusqu'aux moëlles! »

— C'est à peine croyable!

— Encore une fois vous voyez comme le pape a eu raison de condamner l'Action Française et de mettre les fidèles

— Et même certains membres du clergé, à ce que je vois

— En garde contre ses théories

— Et quelle théories !

— Puisque des hommes qui se disent catholiques et même « bons catholiques »

— Non, laissez-moi rire

— En viennent à mépriser les paroles du Chef de l'Eglise et à le démentir publiquement, intoxiqués qu'ils sont, comme je vous le disais tout à l'heure, par les écrits du Maître et de ses collaborateurs, jusqu'à oser dire et écrire que le pape leur ordonnait de commettre « un crime contre l'honneur » un péché grave

— Un parricide, oui.

— Et à ne pas hésiter à l'abreuver d'injures, en calomniant ses actes et jusqu'à ses intentions, en lui attribuant des mensonges, des faux, des inventions grotesques

— Tel que le rétablissement du Saint-Empire romain. Ces gens-là sont fous.

— En traitant son entourage et tous ceux qui le défendent de boches

— Proboches et philoboches

— En attaquant et en diffamant les évêques de France qui auraient déclaré par ordre, comme l'assure *Comœdia,* que « le faux est le vrai, que le blanc est le noir ».

— Que le faux est le vrai, et le blanc le noir ! C'est *Comœdia* qui dit ça ?

— Et qui ajoute mélancoliquement : « Il y a quelque chose de pourri

— Dans le royaume de Danemarck

— Non, « dans l'Eglise de France ».

— Quelque chose de pourri dans l'Eglise de France! C'est *Comœdia* qui dit ça! Je ne savais pas que *Comœdia*...

— Quelque chose de pourri dans l'Eglise de France parce que ses évêques obéissent au pape, oui.

— Quelque chose de pourri dans l'Eglise de France!

— Au reste vous savez que ces Messieurs et leurs amis se sont spécialisés dans l'insulte, et qu'ils ne se gênent pas pour traiter ceux qui ne pensent pas comme eux de tartufe, sans-patrie, singe vert

— Singe vert?

— Papelard, larve, boche

— Proboche, philoboche.

— Notez que ces épithètes si courtoises, c'est aux catholiques les plus notoires, à tous ceux qui sont restés fidèles au pape qu'elles s'adressent.

— Singe vert!

— Papelard, larve, tartufe, sans-patrie, boche...

— Proboche, philoboche.

— Voilà comme dans leur journal ils traitent certains catholiques français et jusqu'aux membres les plus illustres du clergé.

— C'est la meilleure preuve qu'ils n'ont pas volé leur condamnation

— Et que les appréhensions du Souverain Pontife n'étaient que trop justifiées.

— Traiter ainsi les évêques et les catholiques restés fidèles au pape! Et c'est dans leur journal qu'on lit ces belles choses?

— Certainement.

— L'Action Française qu'ils l'appellent! Non, c'est à mourir de rire.

— Ces Messieurs n'hésitent donc pas, comme je vous le disais tout à l'heure, à s'attaquer aux membres les plus illustres du clergé, jusqu'aux archevêques et aux cardinaux à qui ils ne pardonnent pas leur déclaration solennelle en faveur du pape, ni d'avoir publié la condamnation de l'Action Française. Jusqu'à l'ancien nonce Son Eminence le Cardinal Cerretti qu'ils n'ont pas craint de traîner dans la boue par des sous-entendus crapuleux*

— Les beaux défenseurs de l'Eglise!

— Quant à Son Eminence le cardinal Gasparri

— L'homme de la politique gasparrienne, très bien

— Dont « le châtiment, à ce qu'assure notre pornographe, est du ressort de la Providence »

-----

(1) Dont la paternité, il faut le dire, doit être attribuée au sieur Jacques Sadoul.

— Dont le châtiment est du ressort de la Providence! C'est le pornographe qui dit ça! Il est vrai qu'étant pornographe...

— Quant à Son Eminence le cardinal Gasparri qui a obtenu successivement la confiance de deux papes

— Et dont le châtiment est du ressort de la Providence, oui

— C'est le pire des hypocrites, un tartufe.

— Les beaux défenseurs de l'Eglise! Mais, si je compte bien, ce n'est pas seulement avec trois, mais avec quatre papes que ces Messieurs se sont trouvés en désaccord. Léon XIII, le pape du « Ralliement », qui préconisait une politique contraire à la leur, Pie X qui les a condamnés, Benoît XV dont ils atteignent indirectement la mémoire en vilipendant son homme de confiance, et Pie XI qui les a recondamnés. Et ils avaient l'audace de se donner comme les défenseurs de l'Eglise!

— Voulez-vous savoir comment ils appellent le cardinal Bourne, le vénérable archevêque de Westminster, qui a naturellement pris fait et cause pour le pape?

— Bon, voilà qu'ils s'attaquent aux Anglais maintenant!

— Ils l'appellent « Sa Pudeur britannique ».

— Sa Pudeur britannique!

— C'est leur journal qui s'exprime ainsi.

— Quel ramassis d'ordures! Il est à l'index, je l'espère?

— Bien entendu, c'est par lui que le pape a commencé. Quant à l'archevêque de Paris

— L'archevêque de Paris aussi!

— Puisqu'ils y passent tous, je vous dis — quant à leur archevêque, c'est un monstre.

— Un monstre! Holà! doucement, s'il vous plaît.

— Qui n'hésite pas à employer des procédés de bas espionnage

— Des procédés de bas espionnage!

— Ce sont nos défenseurs de l'Eglise qui s'expriment ainsi — des procédés de bas espionnage pour... vous ne devinez pas?

— Des procédés de bas espionnage pour?... Non, je ne devine pas.

— Pour faire surveiller les prêtres suspects.

— Pour faire surveiller les prêtres suspects!

— Suspects d'accorder trop libéralement l'absolution aux lecteurs impénitents de l'Action Française.

— Non, je ne l'aurais pas devinée, celle-là! L'archevêque de Paris un espion, et un chef d'espions! Après tout le pape est bien un menteur et un faussaire.

— L'archevêque de Paris qui envoie aux prêtres suspects

— Comme sous la Terreur alors?

— Attendez, nous allons y arriver bientôt à la Terreur.

— Je ne comprends pas.

— L'archevêque de Paris qui envoie aux prêtres suspects d'accorder trop libéralement l'absolution aux lecteurs impénitents de l'Action Française

— Qu'est-ce qu'il leur envoie à ces malheureux prêtres?

— Des femmes policières.

— Des femmes policières!... Qui font partie de la Sûreté générale sans doute?

— Des femmes policières qui vont à confesse

— Des femmes policières qui vont à confesse!

— Des femmes policières qui vont à confesse... confesser les confesseurs.

— Des femmes policières qui vont à confesse confesser les confesseurs! Mais...

—Pour savoir ce qu'ils ont dans le ventre

— Pour savoir ce qu'il ont dans le ventre!

— Leur tirer les vers du nez

— Mais...

— Pour savoir ce qu'ils pensent de l'Action Française, tiens! Voilà pourquoi l'archevêque de Paris n'est qu'un espion.

— Et c'est dans leur journal que ces Messieurs racontent toutes ces belles choses?

— Dans l'Action Française, oui.

— Quel ramassis d'ordures! Traiter ainsi leur archevêque!

— Qui de plus n'est qu'un menteur.

— Comme le pape alors? Après tout, c'est juste.

— « Que représente votre robe rouge, Eminence, écrivait récemment le Maître en personne

— Le géant de la pensée?

— Oui « Que représente votre robe rouge, Eminence, si elle ne représente plus la vérité? »

— On ne saurait dire plus clairement à l'archevêque de Paris qu'il n'est qu'un fichu menteur. Mais du moment que le pape l'est aussi... Et c'est dans leur torchon qu'ils écrivent toutes ces horreurs?

— Quel torchon?

— Leur journal, quoi...

— Certainement.

— Quand on songe qu'ils ont le toupet de l'appeler l'Action Française!

— Et savez-vous ce qu'il a prédit, leur chef?

— Le géant de la pensée?

— Savez-vous ce qu'il a prédit quand l'archevêque de Paris fit connaître les raisons de leur condamnation?

— Non, qu'est-ce qu'il a bien pu prédire, ce grand homme?

— Il a prédit que cette condamnation aboutirait à une guerre universelle.

— A une guerre universelle! Parce que l'Eglise a condamné leurs divagations!

— « Tout cela, dit-il en s'adressant à son archevêque, sera représenté par du feu, du sang, des morts »

— Du feu, du sang, des morts!

— « Du sang, des morts, des blessés et des larmes »

— Parce que le pape a condamné l'Action Française! Du sang, des morts, des blessés et des larmes! Ah! mon Dieu.

— Tellement, ajoute-t-il, que « les mères et et les femmes vous montreront le poing ».

— A qui montreront-elles le poing, les mères et les femmes?

— A l'archevêque de Paris, parbleu! Vous, c'est l'archevêque de Paris, puisque je vous ai dit que notre géant s'adressait à lui. « Tout cela, dit-il, sera représenté par du feu, du sang

— Des morts, des blessés et des larmes

— Tellement que « les mères et les femmes vous montreront le poing ». Vous, c'est l'archevêque de Paris, voyons. C'est facile à comprendre. C'est à l'archevêque de Paris que les mères et les femmes montreront le poing. Le grand homme sait bien ce qu'il dit, peut-être. C'est à l'archevêque de Paris en personne qu'elles montreront le poing, na.

— Et c'est cet individu qui a osé demander audience au pape Pie X!

— Et que des catholiques ont choisi pour chef, oui.

— Mais pourquoi les mères et les femmes montreront-elles le poing à l'archevêque de Paris?

— Je vous l'ai dit, parce que selon la prédiction du Maître, la condamnation de l'Action Française doit un jour aboutir à une guerre universelle

— Qui coûtera beaucoup de sang, de larmes, de morts, de blessés? Ces gens-là sont fous

— Notez que c'est le Maître en personne qui l'affirme.

— Pour un phare de lumière...

— Comme vous le voyez, il n'est pas de membre du clergé, si haut placé soit-il, qui échappe à leurs coups.

— Dame! Du moment qu'ils ne craignent pas de s'attaquer au pape...

— « Depuis Cauchon et sa séquelle...

— Depuis Cauchon et sa séquelle? Qui parle ainsi?

— C'est leur journal, tiens! « Depuis Cauchon et sa séquelle... »

— Il est vrai que ces Messieurs se comparent à Jeanne d'Arc sur le bûcher.

— « On n'avait point vu en terre française, suivez bien, je vous prie

— Point vu en terre française

— « Tant d'hommes d'Eglise offenser à ce point... »

— Tant d'hommes d'Eglise offenser à ce point... Qu'est-ce qu'ils offensent à ce point tous ces hommes d'Eglise?

— « Nous ne disons pas la charité... »

— Qui n'est qu'une « horrible vieille », passons.

— « Mais l'honneur, mais la vérité, mais le simple bon sens ».

— Tant d'hommes d'Eglise offenser l'honneur, la vérité, le simple bon sens! Et c'est écrit ça?

— Dans l'Action Française, vous dis-je. « Depuis Cauchon et sa séquelle...

— Les évêques de France comparés à Cauchon et à sa séquelle maintenant!

— « On n'avait point vu en terre française tant d'hommes d'Eglise... »

— Tant d'hommes d'Eglise! Il y a en France plus de cent évêques ou archevêques, si je ne me trompe...

— « Offenser à ce point nous ne disons pas la charité

— Qui n'est qu'une horrible vieille, passons

— « Mais l'honneur, mais la vérité, mais le simple bon sens ! »

— Tant d'hommes d'Eglise offenser l'honneur, la vérité, le simple bon sens ! Le bon sens aussi ?

— Le bon sens aussi.

— Et c'est écrit ça ?

— Dans leur journal, je vous dis, qui non content de bafouer les évêques de France, a entrepris de décrire les crimes des moines et des prêtres.

— Comme les pires anticléricaux alors ?

— Non seulement les crimes des moines et des prêtres, mais les crimes des papes.

— Les crimes des papes ! Après tout, ce n'est pas si sot. C'est une manière comme une autre d'atteindre le pape actuel, de jeter la suspicion sur son ministère. Fripouilles, va !

— Dernièrement n'ont-ils pas imaginé d'ouvrir dans leur journal

— Qu'ils appellent l'Action Française ! Non, c'est à mourir de rire .

— Une rubrique intitulée : « Sous la Terreur ».

— Sous la Terreur ! Comme au temps de la guillotine alors ?

— Il s'agit ici de la guillotine sèche. Sous cette rubrique dont le titre est assez significatif

— Je vous crois. Sous la Terreur! Au temps de la Terreur! C'est à faire frémir!

— Ces Messieurs veulent parler de la terreur que le pape et son Secrétaire d'Etat le cardinal Gasparri

— Toujours le cardinal Gasparri!

— Font peser sur les fidèles, sur ceux qui pensent, bien entendu.

— Pas sur la racaille, les gens du *Magnificat*, non.

— Donc sous cette rubrique

— Sous la Terreur! Ah!

— Ces Messieurs ne cessent de servir à leurs lecteurs toutes les vieilles rengaines anticléricales.

— C'est du propre!

— Vous connaissez la maxime : « Mentez, mentez

— « Il en restera toujours quelque chose » oui. C'est encore une maxime que ces Messieurs pratiquent, à ce que je vois.

— Donc, sous cette rubrique

— « Sous la Terreur » ô mon Dieu!

— Ils racontent à leurs lecteurs les tortures infligées aux catholiques par le pape et les évêques.

— Les tortures infligées aux catholiques par le pape et les évêques!

Il s'agit de tortures morales, s'entend, telles que l'inquisition des confesseurs

— L'Inquisition, bon.

— L'espionnage au confessionnal

— Par les femmes policières de la Sûreté, connu.

— Les indiscrétions des prêtres, la violation du secret. Ces Messieurs ne sont pas à court d'arguments, comme vous voyez.

— Ni d'injures, oui. Mais vraiment racontent-ils toutes ces histoires dans leur journal?

— « Sous la Terreur », qu'on vous dit.

— Mais alors les malheureux qui s'abreuvent tous les jours de cette lecture, si j'ose ainsi parler, quel sentiment peuvent-ils bien avoir pour le pape et les évêques?

— Un sentiment de haine, parbleu!

— Cela est terrible.

— Dame! Sous la Terreur...

— C'est du vrai roman-feuilleton. Sous la Terreur!

— Sous la Terreur, oui.

— Il est vrai que ces Messieurs comptent dans leurs rangs des écrivains « de grande imagination. » Sous la Terreur!

— Ils ont aussi inventé une autre rubrique « Sous les rigueurs. »

— Ça c'est moins bien. Parlez-moi plutôt de « Sous la Terreur. » Au temps de la Terreur! A la bonne heure! Alors avec le pape Pie XI, c'est la terreur qui règne, que vous dites?

— Ce sont eux qui le disent.

— Je comprends.

— N'ont-ils pas été jusqu'à écrire que le pape avait tenté « le coup du père François »

— Le coup du père François!

— En essayant d'étrangler l'Action Française

— Tenté le coup du père François! Le pape!

— Le coup du père François, oui. C'est l'expression dont ces Messieurs se sont servi dans leur journal.

— L'Action Française qu'ils l'appellent! Non, c'est à mourir de rire.

— C'est en condamnant les doctrines et les procédés de l'Action Française que le pape a tenté contre elle le coup du père François.

— Le coup du père François!

— Avec sa politique gasparrienne.

— C'est comme cela que ces Messieurs de l'Action Française parlent du pape et des évêques!

— Cela ne doit pas vous étonner après la manière dont le Maître a parlé du Christ et de l'Evangile.

— Le Christ hébreu, les extravagances sémites, les turbulentes Ecritures orientales, très bien.

— Comment : très bien?

— Je veux dire que je me rappelle très bien les paroles du Maître

— Il ne faut donc pas s'étonner, dis-je, que les disciples traitent ainsi l'Eglise, et qu'ils en appellent du pape mal informé au pape mieux informé.

— Du pape mal informé au pape mieux informé! Cela n'est pas nouveau non plus. Luther...

— Et non seulement au pape mieux informé, mais à Dieu lui-même.

— C'est-à-dire qu'ils ne reconnaissent plus ni pape, ni hiérarchie, ni Eglise? Et ce sont ces mêmes catholiques qui se vantaient, dites-vous, d'avoir pris à leur école d'Action Française des leçons de discipline et de respect, et d'y avoir retrouvé le sens de l'ordre et de l'autorité! C'est crevant!

— La vérité c'est que l'Action Française est en train de ruiner dans les âmes le respect et l'amour de l'Eglise, et de faire aux populations catholiques « une mentalité anticléricale. »

— Elle travaille pour les anticléricaux, alors?

— Vous voyez bien.

— C'est en effet beaucoup plus grave que je

ne croyais. Mais, dites-moi, ces Messieurs de l'Action Française comptent-ils beaucoup de disciples? et leur journal...

— A l'index, ne l'oubliez pas

— Beaucoup de lecteurs?

— Que trop! surtout parmi les jeunes gens et jusque parmi les jeunes filles et les collégiens.

— Les jeunes filles et les collégiens! Belle génération de « bons catholiques » pour plus tard!

— On en a même vu de ces jeunes filles et de ces collégiens signifier au pape

— Signifier au pape!

— Qu'il abusait de son autorité spirituelle.

— Qu'il abusait de son autorité spirituelle! Non...!

— Qu'il abusait

— Ah! mon Dieu. Qu'il abusait! Et de quoi abusait-il le pape?

— Je vous l'ai dit : de son autorité spirituelle. Qu'il outrepassait ses droits, na.

— Et vous dites que c'était des collégiens et des jeunes filles qui signifiaient au pape...

— Qu'il abusait de son autorité spirituelle, oui.

— Des catholiques?

— De l'Action Française, bien entendu.

— Belle génération de « bons catholiques » pour plus tard !

— Vous ne vous imaginez pas toutes les grossièretés et toutes les impertinences que nos jeunes potaches se permettent sur le pape.

— Impertinences et grossièretés qu'ils lisent dans le torchon de papa et maman, pardi !

— Dans le torchon de papa et maman ?

— Dans ce journal qu'ils osent appeler l'Action Française, non, c'est à mourir de rire ! et qu'un évêque, m'avez-vous dit, a appelé « la feuille la plus anticléricale de France. »

— Certains, quand ils parlent du pape, ne l'appellent pas autrement que monsieur Ratti.

— Monsieur Ratti ?

— C'est le nom de famille du Saint-Père.

— Encore bienheureux qu'ils ne le donnent pas à leurs chiens, comme cet autre qui avait imaginé de baptiser son caniche Sarto.

— Sarto ? Le nom de famille de Pie X !

— Alors ces jeunes Messieurs, quand ils parlent du pape, ne l'appellent pas autrement que monsieur Ratti ?

— C'est le nom de famille du Saint-Père, vous ai-je dit.

— Belle génération de « bons catholiques » pour plus tard !

— Quelques-uns même sont allés jusqu'à se

vanter de l'avoir sifflé dans une audience qu'il leur aurait accordée.

— D'avoir sifflé le pape?

— Mais la chose a été reconnue fausse. En tout cas ce n'est pas l'envie qui leur a manqué.

— D'avoir sifflé le pape! Des jeunes catholiques.

— De l'Action Française, bien entendu. Par contre on a pu en voir tout un groupe de ces jeunes catholiques, des jeunes gens très bien, pour la plupart des étudiants ou des élèves des grandes écoles, s'en aller en pèlerinage

— A la bonne heure!

— S'en aller en pèlerinage à Lourdes à pied

— A pied! De mieux en mieux

— En chantant des cantiques tout le long de leur route

— Admirable!

— S'en aller en pèlerinage à Lourdes prier

— C'est tout à fait édifiant. Ils allaient à pied, dites-vous, en pèlerinage à Lourdes

— Prier pour la conversion du pape, oui.

— Prier pour la conversion du pape! Vous riez, j'espère.

— Nullement. Ils allaient à Lourdes prier pour la conversion du pape. Eux-mêmes d'ailleurs n'en faisaient pas mystère.

— Le beau pèlerinage! Ils allaient à Lourdes, dites-vous?

— A pied, en chantant des cantiques, en costume de pèlerins.

— Comme au bon vieux temps alors?

— Oui. Seulement au bon vieux temps on ne priait pas encore pour la conversion du pape.

— Ils allaient à Lourdes prier pour la conversion du pape! Des collégiens! Des gamins!

— Cela vous donne l'idée de l'emprise de l'Action Française sur la jeunesse. Oui, tout ce monde-là allait à Lourdes demander à « la bonne Vierge », comme ils disaient, la conversion du pape.

— La conversion du pape!

— Afin que « reconnaissant son erreur »

— Je vous écoute

— Il fasse amende honorable et rende justice à l'Action Française.

— Qu'il fasse amende honorable et rende justice à l'Action Française! De plus en plus fort!

— Dame! C'est qu'ils priaient pour la conversion du pape, voyez-vous.

— Des collégiens, des gamins prier pour le pape!

— Pour sa conversion. Ce n'est pas la même chose.

— Non, on n'a jamais vu ça!

— Encore une fois cela vous donne l'idée de

l'admiration ou plutôt de l'idolâtrie que certains catholiques, plusieurs milliers, dit-on, professent pour le Maître, un athée notoire pourtant.

— Oui, mais athée-catholique,

— Ainsi que pour ses principaux collaborateurs presque tous athées eux aussi, et dont l'un, vous vous rappelez, a osé comparer la religion à « la rancœur des vieillards impuissants »

— Saligaud, va!

— Et qui dans leur journal ne cessent de traiter les catholiques qui ne pensent pas comme eux de bandit, judas, tartufe

— Singe vert, démocrate, sans-patrie, larvé, boche... Ce sont des raisons cela!

— Et ces « bons catholiques » pour rester fidèles à de tels maîtres

— Oui, pour ne pas déserter, pour ne pas commettre un péché mortel, un crime, un parricide, c'est le pape qui leur commande ça

— Ces bons catholiques, dis-je, pour rester fidèles à de tels maîtres, n'hésitent pas à entrer en révolte ouverte contre l'Eglise en appelant du pape mal informé

— Au pape mieux informé. Ça, c'est vieux comme le monde.

— Et jusqu'à Dieu lui-même. Il faut dire que ces Messieurs se déclarent encouragés dans leur résistance et leur révolte par des docteurs et des théologiens.

— Des théologiens et des docteurs! Des docteurs de l'Eglise?

— Lesquels par leurs consultations et leurs conseils les encouragent à tenir tête au pape qui a osé condamner ces courageux « défenseurs de la foi. »

— Est-ce possible! Des docteurs et des théologiens! Et qui sont, s'il vous plaît, ces docteurs et ces théologiens?

— Ces Messieurs de l'Action Française ne disent pas leurs noms. Mais ce sont de grands, grands théologiens, de grands, grands docteurs.

— Ah! ce sont des docteurs et des théologiens anonymes? Les braves!

— Anonymes ou non, peu importe. Du reste vous savez bien qu'à l'origine de toutes les hérésies et de tous les schismes on trouve des théologiens.

— Connu.

— Nos « bons catholiques » prétendent donc être encouragés dans leur résistance par des théologiens. Ils disent que le pape ne sait pas.

— Comment : qu'il ne sait pas? Mais je croyais au contraire qu'ils disaient qu'il savait, qu'il avait menti sciemment, commis un faux.

— Sans doute, mais ils disent aussi que le pape est un inconscient, qu'il ne sait pas

— Le pape un inconscient ! Mais je croyais qu'ils disaient

— Que le décret de Pie X est inopérant, oui.

— Que le décret de Pie X est inopérant ! Mais je croyais qu'ils disaient que c'était un faux.

— Sans doute. Mais ils disent aussi qu'il est inopérant.

— Inopérant ! C'est donc qu'ils reconnaissent qu'il est authentique ?

— Qu'il est inopérant, na.

— Inopérant ! Inopérant ! Mais...

— Ils disent donc que le pape est un inconscient, qu'il ne sait pas, qu'il est trompé par les boches de son entourage

— Bon, il ne suffit pas qu'il soit un menteur et un faussaire

— Qu'il est le jouet « d'une ténébreuse camarilla au service de l'Allemagne* »

— Autrement dit un agent de l'Allemagne sans le savoir, très bien.

— Que du reste il hait la France

— Mortellement, connu.

— Comme son Secrétaire et complice le cardinal Gasparri

____

(1) Les mots entre guillemets sont du journal : *La Vie Catholique.*

— Avec sa politique gasparrienne

— Et savez-vous ce qu'a encore osé faire le pape?

— Non. Qu'est-ce qu'il a encore osé faire, le pape?

— Il n'a pas hésité à soutenir contre l'évêque patriote de Strasbourg

— Monseigneur Ruch! Un brave, celui-là. Je l'ai connu pendant la guerre, et... Mais qui est-ce que le pape a osé soutenir contre lui?

— Le pape a osé soutenir contre l'évêque patriote de Strasbourg, savez-vous qui?

— Non, puisque je vous le demande.

— Eh bien! il a osé soutenir contre lui les mauvais prêtres, les espions et les filles.

— Le pape qui soutient les espions et les mauvais prêtres maintenant! Et les filles aussi?

— L'évêque, le principal intéressé a eu beau leur opposer le plus énergique démenti, et traiter tout cela d'inventions aussi odieuses que burlesques, ces Messieurs n'en veulent pas démordre. Ils savent mieux que Monseigneur Ruch ce qui en est, peut-être.

— Comme ils connaissent mieux les intentions du pape que le pape lui-même, bon. Mais n'est-ce pas justement Monseigneur Ruch qui a appelé leur torchon « la feuille la plus anticléricale de France? »

— C'est exact.

— Le pape qui soutient les espions et les mauvais prêtres! Et contre qui? Contre un évêque! Et les filles aussi!

— C'est pourquoi des théologiens anonymes à la vérité, mais de « réputation mondiale » n'ont pas hésité à déclarer que dans ces conditions la désobéissance au pape était un devoir.

— La désobéissance au pape un devoir!

— « Les théologiens sont affolés, » disent nos bons Messieurs, les théologiens anonymes, bien entendu.

— Les braves!

— « Car jamais le cas ne s'est produit. Le Saint-Père est sorti de toutes les lois de la théologie. C'est de l'arbitraire pur.

— De l'arbitraire pur!

— Le pape, ajoutent-ils, « n'a aucun pouvoir pour nous demander de suicider la France au nom du bon Dieu. »

— Suicider la France! Et au nom du bon Dieu encore! Ah! le méchant pape!

— « Et dans le cas où cela irait jusqu'à l'ex-communication, les théologiens nous disent

— Ah! les braves théologiens!

— « Que la sentence ne jouerait pas, puisqu'il n'y a pas matière. »

— Pas matière?

— Non, aux yeux de nos bons catholiques et de leurs conseillers

— Anonymes et de réputation mondiale, oui.

— Il n'y a pas matière pour une condamnation et partant pour une excommunication.

— Pas matière ?

— Non, y a pas matière.

— Pas matière ? Et l'immoralisme des écrits du Maître et de ses compères ? Pas matière ? Et leurs belles maximes : Politique d'abord. Par tous les moyens — Soyons proxénètes — Achetons les femmes, les consciences...? Pas matière ? Et leur haine de l'Evangile, leur mépris des petits et des faibles, leur culte de la force ? Pas matière ? Et leur tentative de déchristianiser l'Eglise et le rôle de judas qu'ils lui prêtent ? Pas matière ! Qu'est-ce qu'il leur faut donc de plus à ces braves théologiens anonymes ? Pas matière ! Et ce sont des théologiens qui disent ça ! Des théologiens dans le genre sans doute de ces petits abbés qui écrivaient du géant de la pensée que personne n'était plus catholique que cet athée agressif, catholique jusqu'aux moelles, s'il vous plaît, ou que cet autre qui trouvait les romans du pornographe édifiants ! Pas matière ! Non, c'est à mourir de rire.

— Dites plutôt : triste à en pleurer.

— Mais encore une fois qui sont ces théologiens d'une réputation mondiale?

— Mais puisque je vous ai dit que ce sont des théologiens anonymes.

— Ah! les braves! Au fait ils n'existent peut-être pas. Et s'ils existent, cela ne prouve que mieux combien il était nécessaire que le pape intervînt. Pas matière! Et ce sont des théologiens qui auraient dit ça! Pas matière!

— C'est donc avec une bonne conscience

— Tiens! c'est comme dans le Manifeste des 93 menteurs boches.

— C'est donc avec une bonne conscience, puisqu'ils se disent soutenus par des théologiens

— Anonymes et de réputation mondiale. C'est à se tordre.

— C'est donc avec une bonne conscience que nos bons catholiques de l'Action Française refusent d'obéir au pape, tout en protestant de leur « respect » le plus sincère pour lui. Seulement, disent-ils, il ne veulent pas entrer dans « ses complots antipatriotiques » et l'aider

— A rétablir l'Empire romain, oui.

— Le Saint-Empire romain, ce n'est pas la même chose.

— Le Saint-Empire romain germanique, compris.

— Le Souverain Pontife a beau démentir

toutes ces allégations qu'il traite de « vraies fables », et d'inventions absurdes, nos bons catholiques préfèrent croire leur journal qui seul possède la vérité, et qui leur en sert une tranche toute fraîche tous les matins. Cela ne les empêche pas d'avoir le plus sincère respect, notez bien

— Pour qui le respect, s'il vous plaît?

— Pour le pape, voyons — et de se dire ses fils très soumis.

— Le plus grand respect pour le pape dont ils n'hésitent pas à déformer les intentions et à démentir la parole!

— Sans doute. Mais ce sont des catholiques d'Action Française, qu'on vous dit.

— Oui, une espèce à part. Ils sont soumis au pape, tout en lui désobéissant, ils ont pour lui le plus grand respect tout en l'accablant d'injures, comme leur Maître qui est à la fois athée et catholique, catholique et mécréant, et cet autre qui est catholique et cacographe. Catholiques d'Action Française! Ah! Ah! Et qui prient pour la conversion du pape, et qui font des pèlerinages pour qu'il fasse amende honorable, et qui ont pour eux des théologiens anonymes et d'une réputation mondiale, je vous dis. Catholiques d'Action Française! Ah! Ah! C'est pas eux qui tueraient leur mère, non! qui commettraient ce péché mortel, ce crime, ce parricide que leur commande ce méchant pape qu'ils respectent comme un père, nom d'un chien. Commettre un parricide, tuer leur mère, renier leur patrie, tout mais pas ça! Le pape peut toujours attendre. Méchant pape, va!

— Avec son gasparrisme.

— Avec son gasparrisme?

— Vous savez bien, encore une fois, que c'est ainsi que ces Messieurs définissent la politique du Vatican, politique qui n'est pas autre chose, selon notre pornographe, que « la protection accordée au nationalisme belliqueux des Allemands »

— La protection accordée au nationalisme belliqueux des Allemands! C'est le pornographe qui parle ainsi? Il est vrai qu'étant pornographe...

— Politique qui n'est pas autre chose que « la protection accordée au nationalisme belliqueux des Allemands », et qui consiste à démolir l'Action Française, le dernier boulevard du patriotisme français, sans laquelle c'en serait fait de notre patrie. Au fond, voyez-vous, la cause de tout le mal c'est la germanophilie du Vatican.

— La germanophilie du Vatican?

— Lequel, en condamnant l'Action Française, « fait le jeu de l'Allemagne. »

— Fait le jeu de l'Allemagne! Qui dit ça?

— Ce sont ces Messieurs, parbleu!

— Quoi! En condamnant leurs théories extravagantes et toutes leurs belles maximes, le Vatican fait le jeu de l'Allemagne! Alors que déjà avant la guerre le pape Pie X...

— Oui, mais vous savez bien que ces Messieurs prétendent que c'est « un faux grossier. »

— Qu'est-ce qui est un faux grossier?

— Je vous l'ai dit, le document relatant le décret de condamnation porté par Pie X, document, affirment ces Messieurs, fabriqué de toutes pièces pour les besoins de la cause par le pape actuel et son entourage. Voilà le faux grossier.

— Un faux grossier! Mais je croyais qu'ils disaient que le décret de Pie X était inopérant

— Sans doute

— Et qu'ainsi ils avouaient qu'il était authentique.

— Un faux ne peut pas être authentique, voyons.

— Mais s'il est inopérant, comme ils l'affirment, comment peut-il être un « faux grossier? »

— Non pas un, mais plusieurs faux grossiers, et aussi des « erreurs de fait ».

— Des erreurs de fait! Diable!

— Des méprises matérielles, des rapports erronés.

— Faux grossiers! Rapports erronés! Méprises matérielles! Voilà qui est gentil pour le pape!

— Qui, notez bien, a passé la plus grande partie de sa vie à fouiller des archives

— Et qui en fait de documents est un peu là, hein? Comment alors expliquer tous ces faux grossiers, car il y en a plus d'un, que vous dites?

— Oui, sans parler des méprises matérielles, des rapports erronés.

— C'est ainsi qu'ils traitent Pie XI!

— Notez qu'ils le respectent comme un père.

— Oui, comme un père qui ordonne à ses fils de tuer leur mère. C'est à mourir de rire.

— Et puis, disent encore nos bons Messieurs, leur voix a été étouffée.

— Leur voix a été étouffée! Ah! mon Dieu.

— « Toutes les garanties de justice supprimées. »

— Toutes les garanties de justice supprimées! Qui parle ainsi?

— Je vous le dis : nos bons Messieurs de l'Action Française.

— Toutes les garanties de justice supprimées! Comment cela?

— Ces malheureux n'ont pas été entendus. Il paraît qu'on a refusé de les recevoir.

— Refusé de les recevoir! Qui : on?

— Le pape et les cardinaux, parbleu! Pour discuter avec eux, lui montrer au pape et à son entourage qu'ils avaient tort, qu'ils s'étaient trompés.

— Mais le pape n'a pas à discuter avec les fidèles, c'est l'a.b.c. du catéchisme, et pour les catholiques, quand le chef de l'Eglise parle...

— Sans doute. Mais nos « bons catholiques » pensent autrement.

— Et puis, il y a leurs œuvres, leurs écrits, ceux du Maître et de ses collaborateurs qui sont là, que le pape, m'avez-vous dit, sans parler des évêques de France, a pris soin d'étudier longuement lui-même. Un texte est un texte, et ce ne sont pas des parlotes qui peuvent rien y changer.

— Oui, mais ils disent qu'on a maquillé, truqué, falsifié pour l'usage spécial du pape, suivez bien, je vous prie.

— Maquillé, truqué, falsifié pour l'usage spécial du pape

— Maquillé, truqué, falsifié pour l'usage spécial du pape les ouvrages du Maître et de ses collaborateurs.

— Du pornographe aussi! Maquillé, truqué, falsifié tous leurs ouvrages!

— Pour l'usage spécial du pape, oui.

— Maquillé, truqué, falsifié tous les ouvrages du Maître!

— Et de ses collaborateurs aussi.

— Je ne m'étonne plus qu'il y ait tant de « faux grossiers! » Et comme cela, les évêques de France ne s'en sont pas aperçus?

— Au contraire, ils étaient complices

— Complices de qui?

— De l'entourage du pape, pardi! De tous ceux, cardinaux et prélats, qui ont travaillé à tous ces faux.

— De sorte que le pape n'y a vu que du feu?

— Oui, et qu'en condamnant l'Action Française, il ne savait pas ce qu'il faisait.

— Non, c'est à mourir de rire! Le pape ne savait pas ce qu'il faisait en condamnant l'Action Française?

— Parce qu'il n'a pas le sens des couleurs.

— Le pape n'a pas le sens des couleurs?

— Non, il voit blanc ce qui est noir.

— Tandis que ces Messieurs?

— Voient noir ce qui est noir, parbleu! Aussi libre à lui d'appeler blanc ce qui est noir. Mais eux ne consentiront jamais à appeler blanc ce qui est noir, car « le blanc n'est pas le noir », nom d'une pipe, pas plus qu'un cercle n'est un carré.

— Ni un angle un rectangle, très bien.

— Un fait, disent-ils, est ou n'est pas. « *Est, est. Non, non.* » Voilà pourquoi le pape a eu tort de condamner l'Action Française. Est-ce clair, cela? Ah! il ne se doutait pas qu'il allait avoir affaire à si forte partie, le pape! Autrement il y aurait regardé à deux fois avant de s'attaquer aux bons catholiques!

—— Le pape qui s'attaque aux bons catholiques!

— « C'est, disent-ils, le pape qui a commencé » et qui les a « provoqués. » Sans cela ils n'auraient jamais songé à se révolter, vous pensez bien. C'est le pape qui les a forcés à désobéir, na.

— C'est le pape qui les a forcés à désobéir?

— En leur donnant des ordres, oui. S'il ne leur avait pas commandé de quitter l'Action Française, nos bons catholiques n'auraient pas eu à désobéir. C'est bien simple.

— Mais...

— C'est donc le pape qui a commencé, et qui les a provoqués. Eux, en lui désobéissant, en l'injuriant, oh! avec respect — Le pape est un germanophile, le dernier des faussaires, un mauvais père qui ordonne à ses fils de tuer leur mère...

— Le misérable!

— C'est donc le pape qui a commencé et qui les a provoqués. Eux, en lui désobéissant, en l'injuriant, oh! avec respect, en dénigrant ses moindres gestes, en travestissant ses intentions, en dénaturant ses actes, ne font que se défendre. C'est de bonne guerre, puisque c'est lui qui les a provoqués. Il n'avait qu'à ne pas commencer. C'est bien simple.

— Bien simple! Vous plaisantez, j'espère?

— Nullement. Je vous explique le cas de ces pauvres persécutés.

— Quels persécutés?

— Les bons catholiques de l'Action Française, voyons!

— Et le persécuteur, c'est sans doute ce méchant pape

— A qui ils ont fait la fière réponse que vous connaissez.

— Non, c'est à mourir de rire!

— Notez que le pape s'est montré d'autant plus injuste pour ces Messieurs qu'ils remplissaient ostensiblement tous leurs devoirs religieux, et que lorsqu'il y avait quelque bon coup à faire pour la défense de la religion...

— Quelque bon coup à faire pour la défense de la religion?

— Ces Messieurs les camelots du roi étaient toujours là soit pour purger leurs adversaires avec de l'huile de ricin, ce qui est tout à fait spirituel, vous en conviendrez.

— Purger leurs adversaires avec de l'huile de ricin!

— C'est une médecine efficace, comme vous

savez — soit pour briser les presses des autres journaux, ou faire exploser quelque machine infernale.

— Au risque de blesser des innocents! Et ce sont les bons catholiques de l'Action Française qui faisaient ça?

— Pour la défense de la religion, oui.

— Pour la défense de la religion!

— Dame! ils ne faisaient que mettre en pratique la maxime du Maître : par tous les moyens. Et vous n'ignorez pas que leurs « joujoux familiers » sont la matraque

— La sainte matraque, oui.

— Et le revolver, avec lesquels ces Messieurs se chargent d'interrompre n'importe quelle réunion ou d'assommer tous les ministres qu'on voudra. Cela pour la défense de la religion, notez bien.

— Pour la défense de la religion!

— Et voilà que le pape, loin de tenir compte de leur zèle

— A défendre la religion, oui

— Se fait leur persécuteur.

— L'ingrat!

— Cela, parce que ces Messieurs placent « la patrie avant tout. »

— Mais encore une fois quel rapport...?

— Comprenez donc! Le pape est l'ennemi de notre pays et l'instrument de la cabale boche

— Proboche et philoboche, oui.

— Et ces Messieurs ne veulent pas « trahir leur patrie »

— Commettre un péché grave, un crime contre l'honneur, un parricide. Très bien.

— Voilà pourquoi lorsque le pape, uniquement soucieux de préserver l'intégrité de la foi et des mœurs ordonne aux fidèles de ne pas prendre pour chefs des hommes dont les principes sont contraires au dogme et à la morale chrétienne, les catholiques de l'Action Française refusent d'obéir. « La patrie avant tout », qu'ils disent, « car le blanc n'est pas le noir. »

— Et le noir n'est pas le blanc, fort bien.

— Un cercle n'est pas un carré. Un fait est un fait.

— *Est, est. Non, non.* Et voilà pourquoi votre fille est muette, et le pape le persécuteur des catholiques. Bien raisonné.

— « Nous ne trahirons pas » disent-ils. Nous ne voulons pas commettre « un crime

— « Comparable en gravité à un parricide », oui.

— Et qui « porterait un grand préjudice à la France. »

— Comme le leur recommandait ce méchant pape.

— Une trahison envers la patrie ! Ça jamais ! *Non possumus.* La patrie avant tout. Voilà ce

10

que c'est que le pape Pie XI. Le persécuteur des bons catholiques. Un vendu.

— Un vendu!

— Vendu à l'Allemagne, parbleu! et qui, sous le couvert de la religion, fait de la politique, voyez-vous ça? et quelle politique, une politique gasparrienne, comme dit notre pornographe, un pape qui est germanophile de naissance.

— Ce sont ces Messieurs de l'Action Française qui parlent ainsi?

— Que voulez-vous? On les attaque, ils se défendent. Le pape n'avait qu'à ne pas commencer.

— Quelle fripouilles!

— Ces Messieurs se défendent, qu'on vous dit. Et quand on se défend, tous les moyens sont bons, pas vrai? le mensonge, la calomnie, les injures... Larve, boche.

— Proboche, philoboche

— Démocrate, sans-patrie, bandit

— Singe vert, judas, tartufe. Non, quelles fripouilles!

— Le pape n'avait qu'à ne pas commencer, qu'on vous dit, et à ne pas faire de politique.

— Politique d'abord.

— C'est lui qui fait de la « politique d'abord », sous le couvert de la religion encore! Ce qui aggrave son cas. Employer « le moyen religieux » pour faire de la politique ! Voyez-vous ce machiavélisme ! Voilà pourquoi ces Messieurs en sont réduits à se défendre

— Par tous les moyens, oui.

— « Frappez à la bourse », disent ces bons catholiques.

— Comment : frappez à la bourse ?

— César recommandait à ses soldats de frapper au visage. Eux...

— De frapper à la bourse ?

— C'est un de leurs « moyens » de défense préférés. Frappez à la bourse, c'est-à-dire : ne donnez plus aux bonnes œuvres.

— Ne donnez plus aux bonnes œuvres ?

— Ne donnez plus aux œuvres catholiques, aux œuvres diocésaines par exemple.

— Ne donnez plus aux bonnes œuvres ! Mais c'est du chantage cela, et...

— Frappez à la bourse pour punir le pape et les évêques. Frappez à la bourse, qu'on vous dit, ça leur apprendra à condamner l'Action Française. Frappez à la bourse, c'est le meilleur moyen. Frappez à la bourse, pas au visage comme Nogaret. Frappez à la bourse. Ne donnez plus aux bonnes œuvres, ne donnez plus aux œuvres diocésaines, au denier de Saint-Pierre surtout. Frappez à la bourse, disent ces bons catholiques.

— Frappez à la bourse !

— Dame! On les attaque, ils se défendent. Par tous les moyens, qu'on vous dit. Le pape n'avait qu'à ne pas commencer. Et le meilleur des moyens, pas vrai? C'est encore de frapper

— Au visage?

— Non, à la bourse.

— Ce n'est pas si bête!

— Comment : pas si bête! Dites plutôt que c'est génial.

— Non. Quelles fripouilles!

— Le pape n'avait qu'à ne pas commencer, là. Ces Messieurs ne font que se défendre. Et pour mieux se défendre, ils invitent leurs partisans à faire bloc

— Un nouveau bloc alors?

— Et à déserter en masse les œuvres catholiques et à leur refuser leurs subsides.

— Mais c'est monstrueux! C'est du chantage cela, et...

— Chantage tant que vous voudrez, mais avouez que c'est génial. Frappez à la bourse, qu'ils disent. Suivez notre exemple.

— Comment cela?

— Parce que ces Messieurs ont imaginé eux aussi de frapper à la bourse, d'une autre façon, il est vrai, de frapper à la bourse de leurs lecteurs, de tous les « bons catholiques », de tous les gogos, en quémandant des offrandes pour leur journal, les aider à tenir tête au pape et aux évêques.

— Et ils trouvent de l'argent, ces bons Messieurs ?

— Des sommes énormes, des millions à ce qu'il paraît. C'est toujours ça de moins pour les bonnes œuvres, dites donc. D'une pierre ils font deux coups, comprenez. Ce que leurs amis ne donnent pas aux évêques et au pape (ça leur apprendra) ils le donnent à leur journal. D'une pierre ils font deux coups, je vous dis. Frappez à la bourse. Ils s'y entendent, eux, à frapper et à faire frapper à la bourse. Ah! Ah! Jusqu'à un nouveau-né d'un jour dont ils se vantent d'avoir reçu la souscription! Frappez à la bourse, qu'on vous dit, frappez à la bourse. Il n'y a que ça de vrai.

— C'est à peine croyable !

— Ça leur apprendra au pape et aux évêques à condamner l'Action Française! Frappez à la bourse, qu'on vous dit.

— Pas au visage, non.

— A la bourse! A la bourse! Jusqu'à un archevêque qu'ils ont « sommé, par exploit d'huissier, d'avoir à vider les lieux qu'il occupait ! »

— Non!

— Jusqu'à un archevêque, vous dis-je, qu'ils ont sommé par exploit d'huissier...

— Sommé par exploit d'huissier! Un archevêque! Et par qui sommé, s'il vous plaît?

— Par un de ces « bons catholiques », dont sans doute il occupait quelque appartement.

— Un archevêque sommé par des catholiques! Et sommé de quoi faire?

— Je vous l'ai dit : d'avoir à vider les lieux, de déménager subito, presto, là.

— Cela ne s'est jamais vu!

— Si, cela s'est vu au moment de la *Séparation*.

— Ce n'est pas la même chose. Alors c'était les sectaires, les anticléricaux qui opéraient, tandis que maintenant...

— Ce sont des « bons catholiques », oui.

— Qui somment un archevêque d'avoir à déguerpir sans tambour ni trompette. C'est à peine croyable!

— Que voulez-vous? le pape et les évêques n'avaient qu'à ne pas commencer, à ne pas les provoquer. Et quand on se défend, tous les moyens sont bons, la ruse, le mensonge, la calomnie

— Permettez

— Prétendre par exemple que dans l'exercice de son ministère le pape est inspiré par des préoccupations de basse politique et des desseins contraires à la France.

— Permettez

— Dernièrement, savez-vous ce qu'ils ont imaginé, toujours pour se défendre?

— Non, que pouvaient-ils imaginer de plus?

— Ils n'ont pas hésité à accuser un évêque...

— A accuser un évêque! Au fait pourquoi pas? Ils accusent bien le pape.

— A accuser l'évêque d'Oran, un ancien aumônier militaire décoré de la Légion d'honneur et de la croix de guerre...

— Très bien.

— D'avoir volé.

— D'avoir volé! Non!

— D'avoir volé, devinez qui? D'avoir volé ses propres prêtres.

— D'avoir volé ses propres prêtres!

— D'avoir volé les plus vieux prêtres de son diocèse, gardé pour lui de l'argent qui leur revenait.

— D'avoir volé les plus vieux prêtres de son diocèse!

— Oui, en détournant à son profit les allocations que le gouvernement leur allouait.

— Un évêque qui vole ses prêtres! Et ses plus vieux prêtres encore! Un ancien aumônier militaire décoré de la Légion d'honneur et de la croix de guerre! Et ce sont ces Messieurs de l'Action Française qui disent ça?

— Qui le disent et qui l'écrivent dans leur journal.

— Le torchon?

— L'article était même signé d'un des trium-
virs de l'Action Française, le sieur Pujo, un
ancien embusqué, athée-catholique lui aussi,
qui avec son maître l'illustre Maurras

— Ce géant de la pensée, ce philosophe puissant et de franc lignage, catholique jusqu'aux
moelles, vrai phare de lumière

— Le sieur Pujo, chef des camelots du roi,
et fameux embusqué qui avec son maître l'illustre Maurras et l'homme de *l'Entremetteuse*

— Le beau trio!

— Préside aux destinées de l'Action Française.

— Ils disent donc dans leur torchon qu'un
évêque, croix de guerre, chevalier de la Légion d'honneur volait ses prêtres? Les salauds!

— Du moment qu'ils traitent le Saint-Père
de menteur et de faussaire, ils peuvent bien
traiter un évêque de voleur. Comprenez-vous
maintenant pourquoi l'évêque de Strasbourg
a pu qualifier l'Action Française « la feuille
la plus anticléricale de France? »

— Il était encore trop bon. Mais, dites-moi,
à cet infect torchon, les journaux catholiques
étaient là pour lui dire ses vérités et défendre
le pape, je suppose?

— Oui, il y en eut un, un hebdomadaire,

« *La Vie Catholique* » qui bravement entreprit de défendre la cause du pape

— Mais les autres?

— Ce qui lui valut d'être copieusement injurié par ceux de l'Action Française qui ne l'appellent plus autrement que « la Sanie Catholique. »

— La Sanie Catholique!

— Le pus catholique, si vous préférez, bien que son directeur ait été reçu en audience privée par le Saint-Père.

— Tandis que l'autre n'avait pu l'être par Pie X. La Sanie Catholique!

— La Sanie Catholique, oui. Son directeur venait d'être reçu par le pape, alors vous comprenez...

— La Sanie Catholique! Et les autres?

— Quels autres?

— Les autres journaux catholiques pardi! Ceux de Paris et de la province. Qu'est-ce qu'ils faisaient pendant tout ce temps les autres journaux catholiques?

— Qu'est-ce qu'ils faisaient?

— Oui, qu'est-ce qu'ils faisaient pour défendre le pape et les évêques? Ont-ils su tenir tête à l'Action Française au moins?

— Tenir tête à l'Action Française! Vous voulez rire?

— Comment, je veux rire! Je vous demande

si les journaux catholiques de France ont su répondre comme il faut aux accusations, puisque accusations il y a, de l'Action Française.

— *La Vie Catholique*, je vous l'ai dit, qui crânement a fait et continue de faire son devoir.

— Mais les autres?

— Les autres, rien du tout.

— Comment : rien du tout?

— Les autres ont laissé le pape et les évêques se débrouiller.

— Se débrouiller!

— C'est-à-dire que la plupart se sont tus. Certains ont louvoyé. Quelques-uns même ont emboîté le pas à l'Action Française.

— Emboîté le pas à l'Action Française! Des journaux catholiques!

— Cela vous donne l'idée de son influence et de son prestige, autant que de son rôle néfaste.

— Des journaux catholiques qui se taisent quand le pape est attaqué, qui louvoient ou qui se mettent de l'autre côté! J'appelle ça des complices. Qui n'est pas avec moi est contre moi.

— Si bien qu'à cause de cette carence de la presse

— Quels pleutres!

— Les plus hautes autorités spirituelles, des évêques, des archevêques et même des cardinaux ont été obligés d'entrer en lice

— Non, on n'a jamais vu ça!

— Et de se défendre eux-mêmes contre ces professionnels de la diffamation et du chantage.

— Oui. Frappez à la bourse. Pas au visage, non. A la bourse. A la bourse.

— Au risque de recevoir des coups et de se faire éclabousser dans la bagarre.

— Non, on n'a jamais vu ça! Des journaux catholiques qui se taisent quand le pape est attaqué, et attaqué faut voir comment! Et celui qui le défend traité de sanie! Parce qu'il pue le pape, parbleu! Je vous dis qu'on n'a jamais vu ça.

— Que voulez-vous? Le pape n'avait qu'à ne pas commencer

— Et à ne pas les provoquer. Non, quels bouffons! Et ce sont ces Messieurs de l'Action Française qui disent ça!

— Non seulement le Maître et ses collaborateurs qui sont, comme vous savez, athées

— Ou pornographes, oui.

— Mais ce sont aussi des gens qui font profession d'être « bons catholiques », et qui à l'occasion seraient capables de défendre leur foi

— A coups de matraque ou à coups de revolver, oui.

— Mais qui ne veulent pas commettre de péché mortel

— Na.

— Ce sont eux qui déclarent que le pape mène une politique antifrançaise et qu'il a fait usage de faux en promulguant un « soi-disant » décret de Pie X

— Qu'il aurait fait fabriquer de toutes pièces, c'est du propre !

— Ce sont eux qui n'hésitent pas à attaquer leurs adversaires jusque dans leur honneur sacerdotal, voire leur moralité.

— Mais je croyais qu'ils avaient chassé le fantôme, vous savez bien « l'obsédant fantôme ? »

— Jusqu'à l'ancien nonce, Son Eminence le cardinal Cerretti, comme je vous le disais tout à l'heure.

— Le nonce, le représentant du pape ! Au fait, pourquoi pas ? Quand on traite le pape de menteur et de faussaire, on n'a pas à se gêner avec ses représentants.

— Et savez-vous ce que le Maître écrivait dernièrement dans son journal ?

— Le géant de la pensée ? Le phare de lumière ?

— Et philosophe puissant et de franc lignage, oui.

— Qu'est-ce donc qu'il écrivait, le Maître?

— Voici ce qu'il écrivait dans son journal

— Qu'ils appellent l'Action Française! Non, c'est à mourir de rire.

— Je cite : « Les Gasparri et autres Cerretti...

— Les Gasparri et autres Cerretti! C'est-à-dire l'homme de confiance du pape, de deux papes même, et son ancien nonce à Paris. Les Gasparri et autres Cerretti! Mais continuez, je vous prie.

— « Les Gasparri et autres Cerretti encouragent des fripouilles comme Fasshauer

— Qui est ce Fasshauer?

— Peu importe. Un individu taré à ce que prétend l'Action Française, une fripouille.

— Alors les cardinaux Gasparri et Cerretti encouragent les fripouilles?

— « Il est vrai : qui se ressemble... »

— Vous dites?

— Je continue la citation — « il est vrai : qui se ressemble... »

— Après?

— C'est tout. La citation finit là. « Il est vrai : qui se ressemble... »

— S'assemble, parbleu!

— S'assemble n'est pas dans le texte.

— Pas dans le texte! Mais la phrase l'appelle. Qui se ressemble s'assemble. C'est le proverbe bien connu. Alors les cardinaux Gasparri et Cerretti protègent les fripouilles?

— « Qui se ressemble... »

— Et c'est le Maître en personne qui a écrit ça!

— Le Maître en personne.

— Et c'est cet individu qui a osé demander audience au pape Pie X!

— Et que des catholiques ont choisi pour chef, oui.

— Et c'est dans son journal qu'il a écrit:

— « Les Gasparri et autres Cerretti encouragent des fripouilles comme Fasshauer. Il est vrai : qui se ressemble... »

— S'assemble, parbleu! Non, on n'a jamais vu rien de pareil! Des cardinaux traités de fripouilles!

— Et l'archevêque de Paris, leur archevêque

— Dont la robe rouge « ne représente plus la vérité », c'est bien ça?

— Traité d'espion

— Avec ses femmes policières!

— Et qui doit déclencher une guerre universelle

— Le misérable!

— Qui fera couler beaucoup de sang.

— Du feu, du sang, des blessés, des morts!
C'est le Maître en personne qui a écrit ces
belles choses?

L'archevêque de Paris à qui les mères et
les femmes « montreront le poing ».

— Tout ça, à cause de la condamnation de
l'Action Française!

— Et le cardinal-archevêque de Westminster traité

— De père La Pudeur

— Non, Sa Pudeur Britannique. Et les évêques de France comparés

— A Cauchon et sa séquelle. Il est vrai que
« qui se ressemble... » Non, c'est pas ça. Je
veux dire que ces Messieurs se comparent à
Jeanne d'Arc sur le bûcher.

— Et qui offensent la charité

— Qui n'est qu'une horrible vieille, passons.

— L'honneur, la vérité

— L'honneur, la vérité et le simple bon
sens. Très bien.

— Comment : très bien?

— Je veux dire que je me rappelle très bien
ce que disent ces Messieurs. « Qu'on n'a jamais vu tant d'hommes d'Eglise » c'est bien
ça?

— C'est bien ça.

— « Tant d'hommes d'Eglise offenser non
seulement la charité », qui n'est qu'une hor-

rible vieille en même temps qu'un opium et une pourriture, pouah! « mais l'honneur, la vérité, le simple bon sens. » Le bon sens aussi? Vous êtes sûr?

— Parfaitement sûr.

— Et le cardinal-archevêque de Bordeaux qui a empoisonné l'Eglise de France avec son « venin », venin qu'il a porté jusqu'à Rome, le misérable! ce qui fait que toute l'Eglise est empoisonnée maintenant! Jusqu'au pape qui a essayé le coup, ça c'est le clou

— Quel clou?

— Le clou, c'est le coup qu'a essayé le pape, que vous me disiez, le coup du père François donc! en s'efforçant d'étrangler la « gueuse. »

— Non, l'Action Française.

— Couic! Avec sa politique germanique. Et c'est dans leur torchon qu'ils écrivent ces belles choses?

— L'Action Française, oui.

— L'Action Française! Non, c'est à mourir de rire.

— Moi, je ne trouve pas. A voir les poubelles d'injures qu'ils déversent chaque matin sur les évêques et les fidèles...

— Singe vert, démocrate, sans-patrie, larve, boche

— Immonde, venimeux, ignoble, torchon...

— Immonde, venimeux, ignoble, torchon?

Je ne connaissais pas ce répertoire. Je croyais qu'il n'y avait que singe vert, bandit, tartufe, judas

— Traîtres, fourbes, ordures...

— Traîtres, fourbes, ordures aussi? Au fait cela va bien avec judas, tartufes, bandits

— Cafards, menteurs, faussaires...

— Comme le pape alors?

— Mauvais prêtres, canailles, chiens...

— Chiens, oh! Mais dites-moi, tout cela est dégoûtant.

— Imposteurs, mouchards, cagots, papelards...

— Naturellement

— Papelards, sycophantes, tartufiards...

— Tartufiards!

— Rastas, drôles de la démocrassouille

— Drôles de la démocrassouille! O mon Dieu! Tout ça parce que le pape a condamné l'Action Française! Et ce sont ces gens-là qui se donnent comme les défenseurs...

— De l'ordre, oui.

— Les défenseurs de l'ordre!

— Et de l'Eglise aussi.

— De l'Eglise aussi?

— Et qui veulent rétablir le trône et l'autel.

— Et c'est dans leur torchon qu'on trouve toutes ces ordures?

— Dans l'Action Française, oui.

— Quand on songe que des chrétiens, des catholiques lisent des choses pareilles !

— Jusqu'à des collégiens et des enfants de Marie.

— Des enfants de Marie aussi ?

— Ces mêmes collégiens et ces mêmes enfants de Marie qui assurent gravement que le pape est sorti de son domaine

— Sorti du Vatican ?

— Sorti de son domaine en condamnant l'Action Française.

— C'est fou !

— Ces mêmes collégiens qui font des pèlerinages pour la conversion du pape, et pour qu'il fasse amende honorable.

— Non, c'est fou !

— Ces mêmes collégiens et ces jeunes étudiants que l'on voit crier leur journal à l'index à la porte des églises et n'interrompre la vente de leur papier que pour s'approcher de la Sainte-Table.

— Tout cela est à peine croyable !

— Jusqu'à des vieux Messieurs et des dames élégantes qu'on a vu entrer dévotement à l'église

— Entrer dévotement à l'église, très bien.

— Avec leurs livres de messe

— C'est tout à fait édifiant

— Et poser ostensiblement sur leur prie-Dieu

— Ce n'est pas le torchon, je suppose?

— Justement, le journal lui-même.

— Ce ramassis d'ordures! Des vieux Messieurs et des dames élégantes, que vous dites? qui entraient dévotement à l'église?

— Avec leurs livres de messe, oui.

— Et qui déposaient ostensiblement — vous avez bien dit : ostensiblement?

— Ostensiblement oui, pour que cela se remarque bien, que le prêtre même à l'autel puisse s'en apercevoir

— Qui déposaient ostensiblement leurs ordures...?

— Qui déposaient ostensiblement sur leur prie-Dieu l'Action Française

— C'est bien ce que je disais.

— Où l'on peut lire les belles choses que vous savez.

— C'était des vieux Messieurs qui faisaient ça? Des vieux Messieurs graves, je parie?

— Oh! tout à fait graves.

— Et des dames élégantes?

— Tout à fait élégantes.

— Des Messieurs graves et des dames élégantes! Mazette! Et qui déposaient ostensiblement, m'avez-vous dit, leurs ordures?

— Qui déposaient ostensiblement sur leur prie-Dieu l'Action Française.

— C'est bien ce que je disais.

— Telle est la conduite de nos « bons catholiques ». En refusant d'obéir au pape qu'ils appellent « le malheureux pape »

— Le malheureux pape!

— Et en opposant aux décisions de l'autorité religieuse leur conscience, ils sont, au dire de théologiens qui ne sont pas anonymes, à la fois schismatiques et suspects d'hérésie.

— Les bons catholiques! Mais dites-moi, je croyais que le Maître avait dénoncé « les ténèbres de la conscience individuelle, » fétichisme plus fou, si je me souviens bien, que le fétichisme des sauvages de la Papouasie.

— Oui, mais quand il s'agit des « bons catholiques » de l'Action Française, il n'en est plus ainsi. Pour eux il ne saurait y avoir de « ténèbres. »

— A cause du phare de lumière, sans doute?

— Toujours est-il qu'aux décisions de l'autorité religieuse ils opposent leur conscience

— Qui est leur fétiche à eux, d'après la doctrine du Maître.

— Oui, mais encore une fois, eux ils font exception. A tout ce que peuvent dire et commander le pape et les évêques, ils ne cessent d'opposer leur conscience, sous prétexte que l'obéissance à leurs ordres entraînerait pour eux la mort spirituelle.

— Les bons catholiques!

— Certains mêmes vont jusqu'à se priver des sacrements.

— Jusqu'à se priver des sacrements! De la confession et de la communion?

— Et même de l'Extrême-Onction. On en a vu sur leur lit de mort, plutôt que de se soumettre, refuser les obsèques religieuses.

— C'est effroyable!

— C'est ainsi qu'ayant abjuré en politique « la théologie et le droit divin »

— Et même la morale tout court

— Comme le prescrit le Maître

— Politique d'abord et par tous les moyens, oui.

— Ils sont entraînés vers une sorte d'apostasie qui au pape du Christ-Roi leur fait préférer l'homme du Christ hébreu

— Et des turbulentes Ecritures orientales et des extravagances sémites, oui.

— Un homme qui, selon la formule célèbre, s'est donné pour mission d' « habituer l'humanité à se passer de Dieu »

— Lequel ne serait qu'un chaos obscène, une ruineuse projection hors de nous, c'est bien ça?

— C'est bien ça.

— Une ruineuse projection hors de nous de la force anarchique qui nous habite, ce qui explique que Ravachol...

— Au pape du Christ-Roi, au Chef de l'Eglise ils préfèrent l'homme selon qui le Christ

— Le Christ hébreu, le Christ de l'Evangile des quatre juifs obscurs

— A donné au monde

— Les modèles de la frénésie toute pure, très bien.

— L'homme selon qui l'Eglise, dont il nie le rôle divin, n'est plus qu'un garde-chiourme chargé

— D'organiser l'idée de Dieu, oui. Et c'est ça les catholiques de l'Action Française! Au pape ils préfèrent l'homme qui a dénoncé le « venin » de l'Evangile et du *Magnificat*, l'homme qui trouve absurde le sentiment de l'Infini et de l'Au-delà, absurde comme la miséricorde et la pitié, je vous dis, et pour qui tous les travailleurs manuels ne sont que des imbéciles dégénérés, des brutes qu'il ne faut pas éveiller de leur stupeur bienheureuse. Et c'est cet homme que nos bons catholiques préfèrent au pape et qu'ils appellent le Maître, le maître des maîtres, nom d'un chien, un géant de la pensée, vrai phare de lumière, philosophe puissant et de franc lignage, quoi encore?

catholique jusqu'aux moelles donc! en même temps qu'athée-catholique, et catholique-mécréant et qui a voué au Christ, à l'imposteur hébreu, une haine implacable — écrasons l'Infâme! — et qui n'aime pas les pouilleux, les va-nu-pieds, non, et qui est un grand politique. Ah! quel grand politique! et qui veut restaurer le trône et l'autel en achetant toutes les femmes, et qui chasse les fantômes et exorcise les chimères, et qui contrairement à l'Autre qui a donné au monde des modèles de frénésie toute pure, est pour l'ordre, lui. En bas les humbles, les vils, les instinctifs, en haut, tout en haut les esthètes, les jouisseurs, les surhommes, les défenseurs de l'Eglise et de la foi en dépit de tous les papes et de tous les évêques de la terre, un homme pour qui l'Eglise n'est que l'héritière des Césars, la continuatrice de Marius et du divin Jules, divin, oh combien! et qui considère le christianisme comme le fléau de la civilisation, et la charité comme de l'amour dégradé qui a répandu sa rosée jusque sur les faibles et les infirmes, voyez-vous ça? les faibles et les infirmes, ces déchets de l'humanité qui encombrent toutes les avenues de la religion, comme si la religion était faite pour la canaille! un homme qui ne rêve que de remettre le peuple souverain, les esclaves-nés à leur place, et qui aurait voulu que l'Eglise remplaçât le Dieu du Golgotha par je ne sais quelles catins, et qui dans son grand ouvrage, auquel ceux qui ne coopèrent pas ne sont que des parasites, des producteurs de fumier, est glorieusement secondé par l'homme de *l'Entremetteuse*, qui n'est pas un producteur de fumier, lui, et le chef des hommes-matraque, cet embusqué qui accuse les évêques de voler leurs prêtres. Auguste triumvirat qui préside aux destinées de l'Action Française, et qu'un méchant pape a dénoncé et condamné! Mais ils peuvent être bien tranquilles. Nos bons catholiques ne veulent pas les abandonner. Déserter, trahir leur patrie, tuer leur mère, comme le leur recommande ce méchant pape qu'ils respectent comme un père, nom d'un chien, commettre un péché, un crime, un parricide, jamais! Que le pape s'adresse à d'autres. *Non possumus.* Na.

— Au Vicaire de Jésus-Christ, au Chef de l'Eglise, au pape Pie XI qui n'a jamais cessé, soit en public, soit en particulier, de donner à notre pays les marques de la plus vive tendresse, et qui a glorifié tant de saints et de saintes de chez nous, au pape des missions que nous voyons travailler avec un zèle tout apostolique à répandre l'Evangile par toute la terre et à réconcilier toutes les Eglises, au pape crucifié dans ses fils du Mexique mis à mort pour la Foi, au pape de « la paix du Christ dans le règne du Christ », au pape du Christ-Roi, ces « bons catholiques » n'hésitent pas à préférer l'homme qui voudrait que l'humanité se passât de Dieu*, et qu'ils considèrent comme leur vrai maître, le Maître des maîtres

— Un phare de lumière. Non, c'est à mourir de rire !

— Et dont jadis un évêque avait prédit l'influence néfaste sur la jeunesse catholique

— Ces mêmes jeunes gens, ces collégiens, ces gamins, ces enfants de Marie qui signifient au pape, au malheureux pape, comme ils disent, qu'il abuse de son autorité spirituelle, qu'il abuse, na, et qui font des pèlerinages pour qu'il se convertisse.

— Le Maître des maîtres qu'ils adulent comme un demi-dieu

— Ce n'est pas du fétichisme de Papouasie, ça.

— Et qui n'a, dit-on, « d'estime que pour lui* »

— Pas pour la racaille, les bas, les vils, les instinctifs, non.

---

(1) « Un athéisme bienfaisant (dit-il en parlant des nations) leur fait chasser le surnaturel. » Maurras, A. F., tome I, page 529.

(2) Louis DIMIER : *Vingt ans d'Action Française.*

— « D'estime que pour lui. »

— Vraiment? Mais ses chers collaborateurs, et le pornographe, et l'embusqué, et nos « bons catholiques? »

— Et qui sait se faire obéir au doigt et à l'œil.

— Pour un maître-né, ce n'est pas étonnant.

— Et dont les colères et « les violences engendrées par l'adoration » de lui-même font trembler l'entourage.

— Par l'adoration de lui-même! Mazette! Au fait, quand on est un phare...

— Tel est l'homme que nos bons catholiques ont choisi comme Maître, et qu'ils préfèrent au Chef de l'Eglise, contre qui ils n'hésitent pas à entrer en révolte ouverte.

— Ce qui prouve encore une fois qu'ils n'ont pas volé leur condamnation

— Condamnation dont leur désobéissance ne fait que confirmer l'opportunité, « car plus on se débat contre le jugement de l'Eglise, plus on lui donne de force »

— Et plus on s'enfonce. Et puis voulez-vous ma pensée? On juge l'arbre à ses fruits, n'est-ce pas? Eh bien! ces catholiques, ces bons catholiques de l'Action Française, ils ne l'étaient pas, ils ne l'ont jamais été catholiques, je vous dis, même avant leur condamnation. Autrement...

— Vous avez raison. C'est pourquoi, nous ne saurions mieux terminer cet entretien qu'en rappelant la parole attristée du Saint-Père au sujet de ces soi-disant catholiques : « Ils nous ont quittés, mais ils n'étaient pas des nôtres. S'ils avaient été des nôtres, ils ne nous auraient pas quittés. »

Paris. — Imprimerie CHANTENAY, 27-3-1930